新装丁版

梅原猛の『歎異抄』入門

プレジデント社

新装丁版　梅原 猛の『歎異抄』入門　もくじ

第三章

法然、親鸞、そして唯円……43

第四章

道徳の延長線上に宗教はない……77

第五章 弥陀を信じた親鸞の究極の境地……115

現代語訳『歎異抄』……149

『歎異抄』の原文について

現存する『歎異抄』の最古の写本は、蓮如上人（一四一五―一四九九）が六十五歳頃に書写されたものといわれるもの（西本願寺蔵）である。蓮如本は最古の写本というだけでなく、最も権威がある。原写本の片仮名を平仮名に改めただけで、忠実に蓮如本を版刻したものに、『定本親鸞聖人全集』第四巻（昭和四十四年　法蔵館）がある（本書は同書を底本とした）。

なお、現代語訳については、講談社文庫『歎異抄』（梅原訳）から転載した。

第一章

『歎異抄』わが心の恋人

何が多くの人を魅するのか

私が『歎異抄《たんにしょう》』を初めて読んだのはいつのことだったろうか？　考えてみるとそれは旧制中学の四年の頃だったのではないかと思う。もちろん当時の私に『歎異抄』がよく理解できるはずもなかった。

それなのに、そのときの私は、『歎異抄』の一言一句から発せられる強烈な言葉の響きに、それが何を意味するかなどということはわからないながらも、すっかり圧倒されてしまったのだ。それから何度、私は『歎異抄』を読んだことか。

人生に行き詰まり、自己に耐えられなくなったときに私は、何度か『歎異抄』を繰り返し読んだ。そして読むたびに私は不思議と勇気づけられ、いつしか心の傷が癒された気になるのだった。

私は決して、親鸞《しんらん》のような強い浄土信仰を持っているというわけではない。私は長い間、どちらかといえば、太宰治が言ったように、地獄の実在性は信じられても極楽の実在性は信じられない、といったふうの人間であった。

あえて言うならば、世俗の偽善を謗《そし》り、己の煩悩《ぼんのう》の地獄を凝視する親鸞はよくわかるのだけれど、阿弥陀《あみだ》の本願を信じ、必ず極楽に往生するに違いないと思って欣喜雀躍《きんきじゃくやく》して念仏をする親鸞は、よく理解できなかった。いや、理解できないというよりは、近代人として私自身の理性がそれを拒否していたのだ。

しかし不思議なものである。そういう不信者なのに、私は『歎異抄』を読むとその強い信仰の熱気に打たれ、しばしば生命の尊さを実感させられ、生きることへの勇気を取り戻したのである。

私は、今なお正確な意味における専修《せんじゅ》念仏の信者ではない。にもかかわらず、私は依然として『歎異抄』の熱烈な愛読者であり、この書物を、数ある日本の宗教的文献の中の最も優れたものの一つであると固く信じて疑わない。

現代の人々はほとんどみな『歎異抄』という本についてよく知っている。『歎異抄』と言えば親鸞、親鸞といえば『歎異抄』という連想が自然に浮かんでくる。

だが実は、一般の人に『歎異抄』が知られるようになったのはほんの最近、今からわずか七、八十年前の明治の末のことにすぎないのだ。

清沢満之の偉大な業績

『歎異抄』は長い間、本願寺の文庫の中で秘められたまま、一般の人はもちろん宗門の学者にさえ、その存在がよく知られてはいなかったのである。

宗門の中でも『歎異抄』が研究され始めたのは、徂徠《そらい》学や宣長《のりなが》学の影響を受けて実証的な文献学的研究を行った、江戸時代の真宗学者によってであった。とりわけ三河の学問僧・妙音院了祥は『歎異鈔聞記』という優れた解説書を書き、その本で、『歎異抄』の著者が従来信じられていたような親鸞の孫・如信ではなく、唯円《ゆいえん》であることを明らかにした。

だが、残念なことにこの本もあまり多くの人に知られず、明治四十一年、初めて出版され、したがって了祥の説もよく知られなかった。

恐らくこの了祥の書物の影響であろう、東本願寺の僧であり宗教改革者でもあった清沢満之《きよざわまんし》が『歎異抄』に注目し、それを熱愛し賞揚して以来、俄然、宗門の人たちばかりでなく、広く一般の人にも知られるようになった。『歎異抄』の普及は、清沢満之および近角常観《ちかずみじょうかん》、暁烏敏《あけがらすはや》、曾我量深《そがりょうじん》、金子大栄といった彼の友人や弟子たちの努力に負うところが大きい。

そして今では、東本願寺ばかりか、西本願寺を含め、真宗学者の中で『歎異抄』について触れない者などいないまでになった。宗門の学者ばかりではない。昭和に入ってからも、三木清、服部之総《はっとりしそう》、吉川英治、丹羽文雄その他、数多くの学者や作家が『歎異抄』について多くの書物や論文を書いているのである。

宗教史上卓越した書

このようにして『歎異抄』は、広く日本人一般に知られるようになり、親鸞の言動を伝える代表的な著作となったわけなのだが、一方では『歎異抄』が親鸞の代表的な著作のような位置を与えられれば与えられるほど、それに対する警戒も強くなり、『歎異抄』は親鸞解釈を誤らせるものという意見も出るようになった。

後に詳しく述べるけれど『歎異抄』の中には、ちょうど内村鑑三が唱えた無教会のキリスト教と対比されるような〝無教会の親鸞教〟とでも言うべき思想があり、それが親鸞の曾孫《そうそん》・覚如《かくにょ》によって始められた真宗教団の基礎を危うくするような危険がないわけではない。

この書が長い間、秘本として本願寺の文庫の奥深く秘められてきたのは、そこに含まれる強烈なアナーキズムとも言うべき宗教思想のためであったように思われる。たとえば親の追善《ついぜん》供養《くよう》のために念仏を唱えることを否定したり、信者から布施《ふせ》を取ることを潔しとしない『歎異抄』に語られるこのような思想は、一歩誤れば宗門の批判になり、組織の否定につながるからである。

その意味で、この『歎異抄』の精神を教団の中に生かそうとした清沢らの宗教改革の精神は、最初から組織そのものの基礎を揺るがす危険性を持っていたと言える。『歎異抄』が清沢一派によって復興せられるとき既にこれは三代秘伝の伝《でん》誦《しょう》を否定し、本願寺教団の基礎を危うくするものだという批判が宗門の保守派の学者から提出されたことは、当然といえば当然のことであった。

ここで一言するならば、この『歎異抄』の著者は言うまでもなく唯円であって親鸞その人ではない。この書には始めから終わりまで、親鸞というきわめて異常な言行をする宗教家が登場するが、それはあくまで著者たる唯円から見た親鸞の姿であり、唯円を通じて語られた親鸞の言葉である。

親鸞自身の著作、たとえば『教行信証《きょうぎょうしんしょう》』や『浄土和讃《わさん》』『高僧和讃』『正像末《しょうぞうまつ》和讃《わさん》』という三帖の『和讃』類、あるいは、おびただしい手紙の例などと比べてみると、文章の響きに多少の違いがある。両者がどう違うかといえば、要するに、どちらかというと、親鸞自身が筆をとった言葉のほうが重く淀んで、わかりにくいのだ。

親鸞の師匠はもちろん法然《ほうねん》だが、その言葉はたいへん明晰《めいせき》で、透明で、わかりやすい。さすがは「知恵の仏・勢至菩薩《せいしぼさつ》の生まれ変わり」と噂《うわさ》された法然にふさわしい文章だと言える。

それに対して弟子の親鸞の言葉となると、そこにはおそらく、どのような日本の学者や宗教家の言葉にもないような重く淀んだ言葉の響きがある。その言葉の背後には、なにか重々しげな、言ってみれば暗い煩悩のようなものが潜んでいて、容易に人にその真意を捕捉させようとしない。

どんなに冴《さ》えた理性でそれを捉えようとしても、その底に何か沈殿するものが残るような、不思議な重さを持った文章なのだ。例が適当であるかどうかはわからないが、私はかつてボードレールの詩を原文で読んだことがあるが、そのとき、これと同じような印象を受けたことを思い出す。

後で改めて親鸞の言葉の持つ重い、淀んだ暗さを説明したいと思うが、このような重い、淀んだ暗さが『歎異抄』の場合には欠如しているのである。

というのも『歎異抄』は、激しい言葉が連ねられてはいるものの、それは前記のような親鸞自身が書いた著作よりもはるかに明晰なのである。その言葉はことごとく、鋭い刃物のように研ぎ澄まされていて、読む人の心を鋭く突き刺さずにはいられない。にもかかわらず、それは、やはり親鸞の言葉とは多少別の響きを持っているのである。

このように考えると『歎異抄』をもって親鸞の著作を代表させるわけにはいかず、『歎異抄』を読みこなすことが直ちに親鸞の思想を理解したというのは、いささか危険な考えだと言ってよかろう。その点、時に言われるように『歎異抄』に反発し、「親鸞を親鸞の著作から見よ」という主張は一応もっともである。

しかしそれはそれとして、私は、『歎異抄』はやはり日本の宗教史上における希《まれ》に見る卓越した本であると思わずにはいられない。言い換えれば、一人の宗教家の生々しい姿をこれほど見事に捉えた書物はない、と言ってもよいかと思うのである。

唯円の激しい問いかけ

一般に、優れた宗教家が死ぬと多くの場合はその弟子によって師の伝記が書かれるものである。たとえば仁忠の『叡山大師伝』、真済の『空海僧都《そうず》伝』などである。

たしかにそれらの開祖伝は、親しくその開祖に接し、信仰を共にした弟子によって書かれており、師の思想や行状がよく捉えられてはいる。しかし往々にして彼らは、師を崇拝するあまり、その師を偶像化する傾きがある。したがって、その師を一般的な社会道徳と合致させるために、その宗教家の持っている〝異常さ〟が伝えられないことになる。

私は、一宗を開くほどの宗教家であれば、どこかに異常な〝狂気〟とでも言うべきものがあったと思われるのだが、弟子によって書かれ、偶像化された祖師伝というものには、そうした〝狂気〟が中和されている気がするのである。

また、弟子が師の言行について詳しく語った例としては、同年代の懐奘《えじょう》が著した『正法眼蔵随聞記《しょうぼうげんぞうずいもんき》』がある。

これは、道元《どうげん》にひたすら傾倒した懐奘が師の言行を記したものだが、ちょうどそれはエッケルマンの『ゲーテとの対話』のようなものであり、弟子懐奘は日常の言動を通じて、巧みにこの天才的な宗教家の思想、風貌を描いている。そこには、師の言行の、尊敬に溢《あふ》れた客観的な叙述がある。

『歎異抄』は、『正法眼蔵随聞記』や『ゲーテとの対話』に状況は似ているが、そこには、それらのような客観性はないのである。

『歎異抄』はその題のごとく「異を歎《なげ》いた」ものである。親鸞が死んで三十年、親鸞の教えはあちこちに広がったけれども、それとともに、親鸞の教えを間違って捉える人が大勢出てきた。この異を歎き、信仰を師が唱えたような元の姿に戻そうという強い願いによってこの本は書かれている。つまり、著者・唯円の気持ちの中には、深く強く思い詰めたものがあったのである。

この『歎異抄』が書かれたのは、著者の唯円の晩年であり、彼はこれを書いてまもなく死んだと思われるのだが、死ぬ前にこれだけのことはどうしても書き遺《のこ》さずにはいられないという、切羽詰まった気持ちがこの本を書かせたと言えるのではないだろうか。つまり唯円には、懐奘やエッケルマンのように客観的に師の言行を叙述しようとするゆとりはなかったのである。

親鸞死後三十年、親鸞の教えが日ごとに歪《ゆが》められ、誤られていく風潮の激しくなる時代のなかで唯円は、いったい親鸞の教えとは何であったか、を激しく問おうとしているのだ。

三十年の時間の厚い壁を超えて唯円が想起しようとしているのは、異常とも言うべき親鸞の熱烈な信仰なのであろう。そこから浮かび上がるのは、まさに常識を破り、パラドックスの中に敢然として身を沈めた、開き直った信仰者・親鸞の姿である。

ちょうど、親鸞が越後流罪《るざい》以後、再三再四、若き日の法然体験を反芻《はんすう》して、師の法然の思想を一歩進めた自らの思想、つまり浄土宗に対して浄土真宗というものをつくり上げたように、唯円も、若き日にめぐり会ったこの親鸞体験をその後ずっと反芻し続け、その信仰においては親鸞と同じ、あるいは法然と同じであったとしても、なお独自の表現様式を持つ、いわば「唯円の思想」とでも言うべきものを無意識のうちに創造していたと言える。

『歎異抄』は、親鸞という異常な宗教家に触れ、その一生を親鸞思想の普及に費やした熱情的な信仰と冷徹な頭脳を持った唯円という優れた弟子のなかで三十年にわたって反芻された親鸞像が、親鸞の教えが流行し一般化することによってかえってその真実の信仰が滅びるという危機感のなかで定着された、見事な人間像の記録であると言える。

それでは、その『歎異抄』は現代人とどういう形で関わっているのか、その問題について、次に語りたい。

『歎異抄』と現代

先に述べたように『歎異抄』は、清沢満之およびその弟子たちによる再発見以来、絶えず宗門学者ばかりか宗門外の学者や芸術家の目に触れ、論ぜられてきた。『歎異抄』は現代のいろいろな職業、階層の人々の魂を奪う〝毒〟と〝薬〟を同時に有する、実に魅力のある書物なのである。

何故このように『歎異抄』は人の心を奪うのか。それは、これが見事に論理的な本だからである。ここには信仰のパラドックスが強く働いている。常識を覆すような言葉が繰り返されている。にもかかわらず、その語りははなはだ明晰であり、かつ論理的なのである。

日本に、このように明晰に宗教のロゴスを語る書物が存在するのは、むしろ驚異的ですらあるように私には見える。中世は明晰に人間の運命を見ていた時代なのである。

『徒然草《つれづれぐさ》』においても『方丈記』においても、そのような人間の運命への凝視があるが、『歎異抄』は一面、実に熱烈な信仰告白の本でありながら、実に明晰な人間認識があり、そこに貫徹した論理が働いているのである。ここにこそ、現代人が強く魅かれる理由がある。この熱い信仰と共存する論理性、明晰さが現代人の心を強く魅了するのである。

もう一つ、この『歎異抄』が、現代人の魂を抉《えぐ》るのは、そこに描かれた親鸞という人間の見事さである。

それはもうすっかり覚悟の決まった老人の姿であった。なんとこの老宗教家は生き生きとしていることであろうか。不思議なパラドックスを自由に語り、しかもいざというときでもちっとも動揺せず、相手に対して実に見事な言葉を投げる。親鸞自身の本を含め、あるいは親鸞の弟子たちによって語られた親鸞像のなかでも、それは抜群に生き生きとした親鸞像を提供する。いや親鸞についてのみならず、かつていかなる人によって語られた、いかなる宗教家についての像と比べても、このように生き生きとした一人の宗教家の人間像を、われわれの前に提出する書はない。その点でも比類のない書物であると思う。

私は『歎異抄』という書物を通して人々が親鸞という人間に注目し、親鸞という人間を尊敬するようになったのは当然だと思う。そしてそこにはっきり現れているのは、揺らぎもしない信仰の心である。

しかも、揺らぎもしないからといって、その信仰の心は、単調なものではない。それは驚くほど豊かで多彩で創造的な言葉と行為とでもって、立ち現れている。

この信仰者の途方もなく強烈な信仰心に現代人は魅かれるのである。

実際、このような信仰者は日本の歴史において希な存在であろう。現代という時代では一つの信仰を自分のものとすることは難しい。誰もが強い信念・信仰を持とうとするけれども、持ちきれないのが現状である。静かに熱い信仰を持ち続け、揺るぎもしない親鸞の姿は、魅力以上のものをわれわれに与えるのである。

「末法の世」の心の糧として

私は今後ますます『歎異抄』は読まれ続けるのではないかと思う。それはまた、現代が「末法」の時代だと思うからである。現代の末法は、もう日本だけの現象ではない。世界的広がりで末法の時代が来ているのである。

近代という世界はもう行き詰まっており、新しい文明の原理が必要な時代が今、目の前に迫っているのである。あるいは、人類が五千年前に始めた、あの文明というものそのものが誤謬《ごびゅう》であったのかもしれない。

人間は農耕牧畜文明を創造して以来、人間という自分に自信を持ちすぎ、自分たちが神によって特権を与えられたと思い間違い、自分たちの生命とつながっている動植物を無惨に殺し、一方的な自然支配の文明をつくってきた。私はその文明の誤謬のつけが、今、回ってきたように思われてならない。

しかし、一向に人間は未来に待っている恐ろしい運命に気がつかず、依然として、今の文明が永続するように思っている。原子力発電所の事故やエイズが、この文明に警鐘を鳴らすが、人類はそれにまだ気づいていないように思われる。

私は、私の言うこの予言が当たらないことを乞《こ》い願うが、このようなことを願わねばならない時代こそが、末法なのである。まさに法然、親鸞の時代と違った意味の末法の世が今、やってきているように思われる。末法では、やはり強い信仰がなくては生きていけない。

もちろん法然や親鸞、あるいは唯円の信仰をそのまま自分のものにすることはできないだろうが、しかし、何らかの意味で彼らから教えられ、揺らぎもしない信念を持つべき時代がきているようだ。

『歎異抄』はますます日本人の精神の糧、いや世界の人の精神の糧になるのではないかと、私は思うのである。

私はいささか、先を急ぎすぎた感があるのかもしれない。前に述べたように、『歎異抄』が親鸞と唯円の出会いによって生まれたものであるのだとすれば、ここではまず、親鸞という人とその弟子の唯円という人がどういう人であるかを説明する必要があるだろう。

そこで私は、次にこの二人の人生について少し語りたいと思うけれど、その前に少しばかり、そもそも日本の仏教というものはいったい何であったのか、そして、彼ら二人の生きた時代はどのような時代であったのかを説明する必要があるように思う。

第二章

「専修念仏」への道

仏教の日本伝来

日本に仏教が入ってきたのは欽明天皇の十三年（五五二）である。仏教は紀元前五世紀頃、インドのガンジス川流域で活躍した釈迦《しゃか》によって始められたものだが、それが西域を経て中国に入ってきたのは紀元前二世紀頃、後漢の霊帝のときであったと言われている。

そして、後漢が滅びていわゆる魏晋《ぎしん》、南北朝時代を迎えると、仏教は、それまで中国を支配していた儒教や道教に代わって東アジア世界の主導的な宗教になった。

その仏教文化の波が六世紀の半ばに日本にやって来たわけだが、中国や三韓といった先進国にならって文明国になろうとした当時の日本は、多少のトラブルはあったものの、仏教も文明国の宗教としてそれに伴うきらびやかな文化とともに熱心に受け入れたのである。

この仏教の受容には、聖徳太子という偉大な文化人でもあり同時に政治家でもあった仏教信者の力が大きかったわけだが、仏教伝来二百年後、つまり天平勝宝四年（七五二）には東大寺大仏開眼《かいげん》が行われ、まさに仏教は二百年にして日本に定着し、全盛時代を迎えたのであった。

しかし、このような仏教の隆盛には、マイナスの側面もまた伴わざるをえない。奈良時代は女帝の時代だった。そしてややもすれば高貴な女性たちは、眉目《びもく》秀麗《しゅうれい》、頭脳明晰《めいせき》な僧に仏の面影を見、そこに道鏡の事件に代表される醜聞の種が播《ま》かれた。

こうして仏教によってすっかり腐敗した政治を改めようと桓武天皇は、都を奈良から長岡に、そして遂に京都に移すわけなのだが、こうした桓武天皇の政治改革のための宗教理論を提供したのは最澄《さいちょう》であった、と言ってもよいと思う。

最澄は桓武天皇の権力をバックにして比叡山延暦寺《えんりゃくじ》を創建するが、それは奈良仏教とは二つの点において異なっている。奈良仏教が、釈迦の語った経典をインドの祖師たちが注釈したもの、すなわち論に依拠したのに対して、最澄の仏教は直接、釈迦の語った経典、すなわち経に依拠する点、およびその根拠地を都会ではなく山に求めた点において、最澄の仏教は奈良仏教と異なっている。

この最澄は、法華経《ほけきょう》をその中心経典として天台宗の根拠地を比叡山につくったが、後に嵯峨天皇の権力を背景にして彼のライバルとなる空海は、大日経を根本経典とし、真言宗の根拠地を高野山につくったのである。

平安仏教はこの最澄と空海から始まるわけだが、私は、奈良時代の仏教はまだ輸入仏教の性格が強く、仏教が真の意味で日本的な仏教になったのはやはり平安仏教、すなわち最澄・空海の仏教からではないかと思っている。

最澄の果たした役割

最澄の仏教には二つの特徴がある。一つは、仏性論《ぶっしょうろん》である。奈良仏教は、人間の中には仏性をもたない者もあり不定の者もある、仏になりうるのは少数の人間に限られる、と考えるのに対し、最澄は、すべての人間は仏性を持っており、善行を積めば何度か生まれ変わるのちに必ず仏になれる、と説く。

この点で最澄は、奈良仏教を代表する徒と激しく論争したが、もう一つ最澄が奈良仏教の徒と論争したのは、戒律の問題である。

最澄によれば、仏教には大乗仏教と小乗仏教の違いがあるが、小乗仏教には小乗仏教にふさわしい戒律があるように、大乗仏教には大乗仏教にふさわしい一向大乗戒《いっこうだいじょうかい》というものがあるはずである。しかるに、現在、奈良の東大寺で行われている戒律は、十人の正師の前で誓う二百五十の戒で、それはむしろ大乗の戒であるより小乗の戒である。このような戒と違った本当の意味の大乗の戒律、つまり一向大乗戒の戒壇《かいだん》が日本でも必要であり、それを叡山につくるべきであると彼は言うのである。

そして、このような一向大乗戒の戒はむしろ人間に誓うのではなく、仏に対して誓う十重戒、四十八軽戒で結構であるというのである。つまり最澄は、戒律を軽減化することによって、戒律を内面化しようとするのである。

私は、これはユダヤ教の戒律に対するキリスト教の戒律のようなものであると思うが、こういう一世紀に近東社会で起こったことが、八世紀の極東の国日本においても起こっているのである。

最澄はこのような戒壇が中国やインドにあると思っていたようだが、しかし、インドや中国にはそのような戒壇はなく、それはまさに最澄独自の思想であったのである。

最澄はこのような戒壇の設立を嵯峨天皇に願ったが、それは彼の生きている間には許されることがなかった。しかし、最澄の死後まもなくして一向大乗戒の設立が許され、世界のどこにもない、軽減化され内面化された仏教の戒壇が、ここに生まれたのである。

私はこの仏性の普遍化、成仏《じょうぶつ》の範囲の拡大化ということと、戒律の軽減化・内面化ということに、まさに日本仏教の特徴があると考える。空海の思想も、仏性については最澄と同じく、すべての人間に仏性があると考える。

ただ最澄と空海の仏性論の大きな違いは、空海が今この現実の世界で肉体を持った人間がそのまま仏になれるという「即身成仏《そくしんじょうぶつ》」の教えを説くのに対し、最澄は、人間は煩悩《ぼんのう》が強いのでこの世ではとても仏になることはできず、善行を積んで何度か生まれ変わってのち初めて仏になることができる、と考える点にある。

最澄の死後、天台の教団においても密教が全盛となり、高野山の真言密教に対して、天台密教なるものを生んでいく。私は、この天台密教の中で生まれた最も重要な思想が「天台本覚論」ではないかと思う。それは有名な「山川草木悉皆成仏《さんせんそうもくしっかいじょうぶつ》」という言葉で表されるもので、人間ばかりかすべての生きとし生けるもの、山や川のような無機物に至るまで仏になることができるという思想である。

末法思想と鎌倉仏教の誕生

鎌倉仏教はやはり、このような「天台本覚論」の中から出てきたと考えなければならない。一口で言えば、鎌倉仏教はすべての人間が仏になることのできる最も簡便な道を求めたと言うことができるからである。

この鎌倉仏教の出現を考えるときには、やはり末法思想というものを考えなければなるまい。この思想は普通、釈迦が死んで五百年間は「正法《しょうぼう》の世」であり、それからさらに千年間の「像法《ぞうぼう》の世」を経たのちに「末法《まっぽう》の世」が来るというのである。

最澄の著書と言われる『末法燈明記《まっぽうとうみょうき》』なるものがあるが、それによれば末法には、もう釈迦の教えを守る僧もなく、ただ釈迦の教えのみが残るというのだ。そしてまさにいま現在、末法の世が来ているというのである。

実際、このような末法の世は当時の日本人の実体験であった。最澄や空海によって革新させられたはずの仏教は、かつての奈良仏教と同じように、あるいは奈良仏教以上に堕落し、山はいたずらに栄達と派閥争いの場所となり、諸寺院は僧兵を抱え、衰微しつつあった律令政府をしばしば暴力によって脅迫して己のわがままな要求を通した。

そして飛鳥奈良時代に聖徳太子によってその理想がつくられ、藤原鎌足《ふじわらのかまたり》・不比等《ふひと》の親子によって現実化され、平安時代の初めに完成された律令体制は、勃興しつつある武士の力によって崩壊の危機を迎えていたのである。

こういう時代においては人間は決断を迫られる。どういう決断か——。

人間が仏になるにはいろいろな方法があろう。平和な時代ならば、そのようないろいろな仏になる方法を模索していられるかもしれない。しかし今や末世が到来し、いささかの躊躇《ちゅうちょ》も許されないのである。とすれば、思い切った一つの救済の手段を選ばねばならぬ。鎌倉時代の宗教家たちは、そのような決断の前に立たされたのであった。

そして彼らは、それぞれの主体的決断において、彼らが最も簡単に、しかも最も真実の仏になりうると思われる道を選んだ。すなわち法然《ほうねん》が念仏、日蓮が題目《だいもく》、そして道元が座禅をである。

こうした時代の要請に応え、宗教改革の先頭に立ったのは、法然である。もともと日本に輸入された仏教は現世利益の色彩が強かったが、しかし、現世ばかりでなくして来世における人間の救済を図る浄土教も、既に飛鳥時代において日本人に受け入れられていた。

日本にはもともと、人間ばかりか一切の生きとし生けるものが死ぬとその霊は天に往き、神になるという思想があった。そのため、人間は死んだら浄土へ往って仏になる、という考えは容易に日本人に受け入れられたのである。

天台宗においては、このような仏教つまり浄土教は、円仁《えんにん》によって新たに中国から輸入されるが、この思想をさらに発展させ、日本に定着させたのは源信恵心《げんしんえしん》僧都《そうず》である。

恵心僧都は『往生要集《おうじようようしゆう》』という本を書き、この世がどんなに醜い苦の世界であるかを教えるとともに、西方にあるという阿弥陀浄土《あみだじようど》がどんなに美しく、どんなに楽しい世界であるかを甚だ美しい文章で述べた。この醜い世を厭《いと》い離れ、美しい極楽浄土を願い求めようというのである。

源信は、死んでのち阿弥陀浄土へ往けるための方法として念仏を説いたが、その念仏は源信においては主として仏と仏の浄土をイマジネーションすることであった。しかし、そのようなことのできない人々にその代用として源信は、口で「南無阿弥陀仏《なむあみだぶつ》」と唱える口誦《こうしよう》念仏を勧めたのである。

「口誦念仏の先駆者」法然

日蓮によれば、源信によって日本人の三分の一は浄土教の信者になったという。

そして、永観《えいかん》によってまた三分の一が浄土教信者となり、さらに法然によって残りの三分の一も浄土教信者となり、結局、日本人はすべて浄土教信者になったという。

日蓮の言うように、法然はこの源信、永観の伝統の下に立つ者だが、彼が彼の先駆者と違うのは、念仏をもっぱら口誦念仏の意と解したことであった。この解釈を法然は、中国の僧善導《ぜんどう》の『観経疏《かんぎょうしょ》』によって権威づけたのである。

法然は美作《みまさか》の国の久米の押領使《おうりょうし》、漆間《うるま》時国という者の子であったが、幼にして父母を失い、出家して比叡山に入った。彼は勢至菩薩《せいしぼさつ》の生まれ変わりと言われたほどの智恵者で、大蔵経《だいぞうきょう》を五へん読み、その結果、専修《せんじゅ》念仏の一門のみが末世の凡夫《ぼんぶ》にふさわしい宗教である、という結論に達したといわれる。

彼は仏教を聖道《しょうどう》門と浄土《じょうど》門の二つに分け、行を念仏行と諸行の二つに分ける。聖道とは浄土教以外の仏教で、確かにそれは優れた仏教であるかもしれないが、末世の凡夫には到底及び難い宗教である。

末世の凡夫には浄土門がふさわしいが、それもいろいろ難しい瞑想《めいそう》をしたり、難しい行をしたりする諸行によってではなく、もっぱら「南無阿弥陀仏」と口で誦する口誦念仏が最もふさわしいと主張したのである。

この法然の専修念仏の教えは、源平の戦乱という異常な時代に生きる人間の心を捉え、一般民衆ばかりか、天皇や大臣まで法然の門に帰した。政治世界においては、平家が武家の勃興という一つの大きな動乱の嵐の先駆けをなしたように、精神世界の中には、その動乱の先駆けとして、法然の嵐が吹き荒れたわけである。親鸞《しんらん》も唯円《ゆいえん》も、その嵐の中に巻き込まれ、嵐の中で、それぞれ独自の思想をつくった宗教家だったのである。

第三章

法然、親鸞、そして唯円

『歎異抄』成立と二つの人間関係

『歎異抄《たんにしょう》』成立の人間的背景について語るとき、親鸞《しんらん》を軸に二つの人間関係を中心にして語るのが最もいいように思われる。一つは法然《ほうねん》と親鸞の関係であり、もう一つは親鸞と唯円《ゆいえん》の関係である。

親鸞が法然の弟子となったのは建仁元年（一二〇一）、親鸞二十九歳のときであった。時に法然六十九歳。親鸞と法然とは四十歳の年の差がある。唯円が親鸞と出会ったのは、『大谷遺蹟録』によれば仁治元年（一二四〇）、唯円十九歳のときであり、そのとき親鸞六十八歳であった。親鸞と唯円の間には四十九歳の年の違いがある。

この『歎異抄』という本は、それぞれ信仰によって結びつけられた二つの強い人間関係を基本にして出来上がっているのである。それで、この『歎異抄』を説明するには、親鸞および唯円の伝記を、そのような人間関係を中心にして論ずるのがいちばんよかろう。

親鸞は、法然といかにして出会ったのか。そして法然といかにして別れ、いかにして親鸞となったのか。法然体験は親鸞にとって何であったのか。まずこれらについて語ろう。

親鸞が生まれたのは、承安三年（一一七三）である。法然が専修念仏《せんじゅ》の一宗を興す安元元年（一一七五）のちょうど二年前である。彼の父親は藤原有国の五世の孫、皇太后宮大進、日野有範であると伝えられる。

この日野有範の一家はどうやら以仁王《もちひとおう》の乱に巻き込まれ、一家全体が出家せざるをえないというような悲運に見舞われたらしいのである。そのうえ、親鸞は早くに母親を亡くし、養和元年（一一八一）九歳のときに叡山に上り、『愚管抄《ぐかんしょう》』の著者として有名な慈円《じえん》の弟子となった。

叡山で親鸞が何をしていたかよくわからないが、妻・恵信尼《えしんに》が娘・覚信尼《かくしんに》に宛てた手紙によると、親鸞は比叡の山で堂僧を務めていたという。堂僧というのは、円仁《えんにん》がつくったという常行三昧堂《じょうぎょうざんまいどう》の堂僧ではないかと思われる。常行三昧とは身《しん》口意《くい》、すなわち、身と口と心でひたすら阿弥陀を念じる行である。とすれば、既に親鸞は叡山で往生《おうじょう》の行を行い、浄土思想に親しんでいたことになる。

しかし、彼は二十九歳にして叡山を去った。法然もかつて叡山を去ったのだが、法然の場合は、一切経《いっさいきょう》を読み思索を重ねたあげくに、口誦《こうしょう》念仏の行こそ末代の凡夫の唯一の救済の道であるということを思想的に確信して、叡山を去っている。これに対し、親鸞が叡山を去った事情はいささか理由が違うように思われる。

後年に書かれた『正像末和讃《しょうぞうまつわさん》』などで彼はしきりに当時の仏教界の堕落をとがめている。そこに存在しているのは堕落であり偽善である。僧たちは清浄で有徳な聖者の顔をしながら実は情欲にふけり、権力欲に夢中になっている。

そうした当時の僧たちの姿を彼は黒々とした言葉で表現しているが、それはおそらく青年親鸞が叡山で見た姿なのであろう。そこは俗世界と同じように醜い世界であるが、その醜い世界を清浄で有徳な仮面で隠さなければならない点だけ、よけいやりきれないと親鸞は思ったに違いない。

ただし親鸞は、叡山にこのような批判を持っていたにしても、ただそれだけの理由によってのみ叡山を去ったわけではあるまい。彼の中には、彼自身どうしようもない悩みがあり、その悩みを解決しようとして彼は建仁元年（一二〇一）、京都吉水の六角堂に籠もったのである。

そして、六角堂で百日の祈念をしていた九十五日目に、当時、聖徳太子の化身と考えられた六角堂の本尊、救世《くせ》観音の導きによって、専修念仏の教えに踏み切り、法然の門を叩《たた》いたというのである。

それは、法然のように智恵ですべてを決定して、そののち行動に移ったというものではない。迷いに迷って、ついに専修念仏を選んだというべきものであろう。

当時、法然は人気の絶頂にあった。貴顕庶民、争って法然のもとに参り、親鸞もその説法を聞き、極楽往生への保証を得ようとした。

入門した若き親鸞はたちまちのうちにこの法然の専修念仏の最も熱烈な信奉者

となり、最も戦闘的な布教者となった。親鸞が『教行信証《きょうぎょうしんしょう》』において感激をもって涙ながらに回想している挿話、彼が当時秘本とされていた法然の『選択本願念《せんちゃくほんがんねん》仏集《ぶつしゅう》』の書写を許されたばかりか、さらに法然の真影（肖像）を描くことを許されたのは元久二年（一二〇五）のことであるから、入門して五年目である。

法然はおそらく、彼を神のごとく尊敬するこの熱狂的な専修念仏の徒である若い弟子に対して多少の不安を感じていたものの、強い親愛感を覚えたのであろう。

若き親鸞はまさに、この新しい宗教運動の先頭に立つ、宗教革命者・法然の最も熱烈な弟子であった。しかし既に親鸞の思想の中には、必ずしも法然の思想の枠内に納まらないものがあったことも事実であったように思われる。たとえば覚《かく》如《によ》の『口伝鈔《くでんしょう》』に語られるこのような話を、われわれはどう考えたらよいのであろうか。

「夢告」により「女犯」の僧へ

建仁三年、親鸞は再び六角堂に籠もったところ、六角堂の救世観音が夢に現れ、次のように親鸞に語ったという。

「行者宿報ありてたとい女犯《にょぼん》すとも、われ玉女の身となりて犯されん。一生の間よく荘厳《しょうごん》して、臨終に引導して極楽に生ぜしめん」

なんという気のきいたことを言う救世観音であろう。もしおまえが前世からの宿報によってどうしても女体なしに生きていけないならば、私が玉のような美しい女身となって、おまえに犯されてやろう。そして、一生おまえの人生を荘厳に飾って、おまえが死ぬときに引導を渡して、極楽に往生させてやろうと、ほかならぬ救世観音様が親鸞におっしゃったというのである。

観音菩薩《ぼさつ》というのは、いろいろ変化する菩薩である。自分の身をいろいろに変えて苦しめる人間を救う仏であるが、ここで性欲に苦しんでいる親鸞に観音菩薩は、自ら女体に身を変えておまえに犯されてやろう、と言ったのである。これはいったいどういうことなのであろう。

私は、これは救世観音が親鸞に生身の女体を持った女を娶《めと》る許可を与えたのであると思う。

おまえは前世の業《ごう》が強いのか、どうしようもない強い欲望をもってこの世に生まれてきた。もしも生身の女身がなかったなら、おまえは安心して念仏の行に精《しょう》進《じん》することはできないだろう。だから、どこかに生の女身を持つ女性を選んでそれを妻にして、おまえの人生を荘厳にするがよい。彼女と一生、生活を共にして、おまえが死ぬのを見届けさせてやるがよい。その女性こそ実は私の身代わりだ、と、救世観音は仰《おお》せられたということである。

精神分析学者はおそらく、観音菩薩のおっしゃったことは親鸞自身の欲望の反映だと言うにちがいない。確かにそうであろう。六角堂の救世観音が実際にそんなことを仰せられたかどうかは、たいへん疑問である。

しかし、親鸞は確かにそこで、まさしく救世観音がそのような言によって彼に妻帯を命ぜられたのを聞いたのである。彼は固くそれを信じた。それを信じなかったら、彼は僧でありながら、あえて公然たる妻帯《さいたい》に踏み切るという、従来のモラルではとうてい許されないこの瀆神《とくしん》の行動に堪えられなかったにちがいない。

私は、先に最澄における日本仏教の成立は二つの点において思想的特徴を持つと述べた。一つは仏性《ぶっしょう》の普遍化であり、もう一つは戒律の軽減化・内面化である。この最澄の後者の思想が、親鸞においてより一層、徹底されるのである。

それは、戒律の軽減化・内面化ではなく、おそらく、千数百年の伝統を持つ仏教の戒律そのものを否定するもののように思われる。いくら最澄によって戒律が軽減されたとは言え、女犯《にょぼん》ともなればその罪は僧にとって、とうてい許されない重罪である。

もちろん当時の僧たちがすべて仏教が建前としているような一生不犯《ふぼん》の清僧であったとは思えない。妻帯はむしろごく当たり前のことであり、僧侶の中には、やんごとない女性の尊敬を得られるのを利用してさまざまなスキャンダルを起こす者もいた。

しかし、建前と実際とは別である。裏はどんなに汚くとも、表はやはり清僧の顔をしていなくてはならない。しかし親鸞は、この偽善に耐えられなかったのだ。それゆえ彼はあえて妻帯を公言し、かつそれを実行に移したのである。

私は、建仁三年のこの話はそういう意味を持っていると思う。また親鸞が、この聖徳太子のゆかりの地である六角堂の本尊によって肉食妻帯を許すお告げ（夢告）を与えられたことは、決して偶然ではない。親鸞は一生、法然とともに聖徳太子を尊敬したが、聖徳太子こそまさに多くの妻を娶《めと》り、なおかつまがう方なき優れた仏教者であった。

妻を娶ってしかも優れた仏教者であろうとした親鸞が、終生、聖徳太子の熱烈な信者であったのは当然である。そう考えれば、太子の化身であると思われる救世観音が、親鸞に公然と肉食妻帯を許したのも、十分うなずかれるのである。

親鸞は一生、法然の教えを守ると言ったが、この聖徳太子崇拝に関するかぎりそれは法然にはない。言い換えれば、聖徳太子崇拝を必要とする分だけ親鸞は、既にその時点で、法然を逸脱していたわけである。

法然からの自立宣言「愚禿親鸞」

このようにして専修念仏が盛んになると、どうしてもさまざまな問題が起こってくる。

専修念仏の徒の中には、阿弥陀《あみだ》一仏を崇拝するあまり他の信仰を誹謗《ひぼう》し、さらに神社仏閣を破壊する者すら現れた。それに末世の悪人、末世の凡夫救済の教えは、悪の肯定とも受け取られることになり、ことさら専修念仏の名によって悪行にふける者も出てきたという。

こういう風潮に旧仏教の徒は憤激し、法然の処罰と専修念仏の停止を政府に要求したが、政府の中にも法然のシンパは多く、旧仏教の要求はなかなか聞き入れられなかった。

ところが承元元年（一二〇七）初頭、たまたま、旧仏教や旧神道側を喜ばせ、専修念仏の徒の肝を冷やす事件が起こったのである。

法然の弟子に安楽《あんらく》、住蓮という者があった。甘美な調子で歌うがごとくに浄土念仏を誦することによって、まことに人気のある説法者であった。多くの子女が安楽と住蓮の下に集まって、そのような念仏にふけっていたが、ちょうど後鳥羽院が熊野参拝をした留守の間に、鈴虫、松虫という名の二人の侍女がそっと宮中を抜け出して、安楽と住蓮の念仏に参加した。

熊野から帰った後鳥羽院はそのことを知って激怒し、さっそく安楽、住蓮など四人を死罪に処し、法然以下七人を流罪《るざい》にしたのである。

この時、親鸞は師の法然と同じように流罪に処せられることになった。法然は

「藤井元彦」と名を改めさせられて土佐に配流と決まったが、実際は土佐に行かず、しばらく讃岐《さぬき》にとどめられた。一方、親鸞は「藤井善信」と改名させられ、越後の国府（現在の直江津）に送られた。後述するようにこの時、親鸞は名を「愚禿《ぐとく》親鸞」と改めたのである。

なぜ親鸞が数ある門弟の中でも特別に重い流罪の刑に処せられなければならなかったのか、その間の事情はよくわからない。おそらく彼が、妻帯を公然として主張する手に負えぬ破戒僧と思われていたからであろう。それに、純粋で激烈な専修念仏の徒である親鸞の行動は、叡山時代の師である慈円をはじめ当時の旧仏教の代表者から見ると、眉をひそめさせるものが多かったに違いない。

この越後流罪は、親鸞の人生における大きな分岐点となる。老年の法然にとって流罪体験はべつに彼の人生観を根本的に変えるようなものではなく、それに流罪と言っても法然はその間も多くの信者に囲まれて大事にされたあとがある。法然の人気は、権力といえどもどうすることもできなかったのであろう。ただ体面上やむをえず流罪というかたちをとったというほどのものであったようだ。

しかし、親鸞の場合は明らかに違っている。彼はまだ無名で若かった。おそらく親鸞には、流罪につきものの多くの拷問が加えられたのではないかとも思われるが、親鸞は、自分に加えられたこの屈辱を彼の思想の根本に置いたのである。彼が「愚禿」という奇妙な名を姓につけたのは、おそらくこの体験を忘れないためであったに違いない。

ここに至って、親鸞の思想と法然の思想はかなり異なってくる。

法然の弟子であった頃、親鸞は「綽空《しやくくう》」と名乗った。それは法然が尊敬する中国の念仏の師、道綽《どうしやく》の「綽」と法然すなわち「源空」の「空」の二字を取った僧名で、法然の与えたものである。しかし「親鸞」という僧名になるとやや違う。それは世親《せしん》の「親」と曇鸞《どんらん》の「鸞」の二字を取ったものであろうが、とすればそれは明らかに法然がもっぱらそれに従った道綽、善導《ぜんどう》の思想と彼の思想が違うことを示している。

つまり、親鸞は道綽、善導よりむしろもう一歩奥にある世親と曇鸞の思想に帰ったということを自ら示したのであろう。この点にも親鸞の法然からの独立の意志が示されていると思う。

二人目の妻・恵信尼

越後に行った親鸞が、どんな生活をしていたのかは、よくわからない。没落貴族とは言え、やはり彼は貴族の生まれである。貴族に生まれた親鸞が、当時、都の人からは地の果てと思われていた越後の国へ流罪になって行くのは、かなりのショックであったはずだし、この五年間の流罪生活のなかでおそらく彼は、じっと自分を見つめたに違いない。

夢中で過ごしたあの法然体験を中心にした青春の時代を内省し、法然の教えを改めて反芻《はんすう》してみたに違いないのである。このような流罪体験を通じて法然の思想は親鸞のなかに血肉化していったのではないか、と、私は思う。

越後での親鸞における大きな事件は、何と言っても、そこで彼の生涯の伴侶となった九歳年下の恵信尼《えしんに》を得たことである。恵信尼は越後に自分の領地を持っていて、晩年、京都に戻った親鸞と別れたのち自分だけ独り越後に住んでいたことを考えると、もともと越後の人であったのだろう。

彼女は受領《ずりょう》クラスの娘であり、教養はかなり高い。どういういきさつで親鸞と恵信尼が結びついたかはよくわからないが、おそらく彼女は、流人とはいえ貴族の出身であり、高い教養を持っている親鸞にひかれたのであろうし、自ら深い宿《しゅく》業《ごう》を持っている親鸞もまた、彼女に魅力を覚え、自然に結ばれたのではないかと思われる。既に都に妻がいたらしいことを考えると、親鸞はここで二人の妻を持ったことになる。

親鸞にとって都とは

建暦元年（一二一一）十一月十七日、彼は法然とともに赦免となった。法然はすぐに都に帰り、そして間もなく（翌年の一月二十五日）入寂《にゅうじゃく》したが、親鸞は都には帰ろうとしなかった。どういうわけか彼は常陸《ひたち》の国笠間の稲田に行き、そこで布教を開始するのである。

なぜ彼は都に入らずに、常陸へ入ったのか。動機や理由はよくわからないが、おそらく、都では旧仏教の力が強くて専修念仏の弾圧が続き、法然の弟子たちも旧仏教側と妥協せざるをえない状況であったので、純粋にして戦闘的な法然の徒である親鸞は、それならばむしろ旧仏教の手も都の権力の手もあまり及ばない、この新開地常陸のほうが布教には適当な場所であると考えたのではないかと思われる。

年齢は四十歳代の初め、「愚禿」という奇妙な姓を持つ、罪人上がりの親鸞という僧が突然に現れて、念仏往生という教えを説く。おそらく常陸の人たちは、初めはこの突然に現れた布教者をいぶかしんだに違いない。だが彼らは徐々に、この布教者のなかに、類《たぐ》いまれな宗教的な情熱が隠れているのに気づき、彼の信者となるのである。

おそらくは彼が貴族の出身であり、そして彼が師とする法然が、後白河院上皇や九条兼実といった天皇大臣などの高貴な人に尊敬された僧であることも彼の信用を高めるに役立ったに違いない。

こうして親鸞は、四十二歳から六十二歳ぐらいまでの約二十年の歳月を常陸で過ごすことになり、そしてこの地からは親鸞を通じて専修念仏の一門に帰する門人たちが多く出て、やがてその信仰の波は関東一円に広く及んでいく。生前の親鸞の弟子のほとんどは関東における弟子なのである。

このような布教活動とともに親鸞は、法然のつくった『選択本願念仏集』に対して彼の教学の中心をなす書物である『教行信証』を執筆しようとする。既に関東在住当時から、彼は『教行信証』の著作を始めているのである。

このように親鸞は関東において布教活動を始め、彼の令名もまた関東において高くなった。

ところが文暦元年（一二三四）前後になり、齢六十を超えた親鸞は、飄然《ひょうぜん》として関東を去り、都に帰るのである。これがいつの頃なのか正確にはわからないし、またその理由もよくわからない。

しかし、あれほど名利《みょうり》を嫌い、山を慕った道元ですら、死ぬ前に故郷恋しの一念に山を捨て京に帰り、そしてまもなく死んだ。都で育った公家の子である親鸞のなかにも、そのような〝故郷恋し〟の感情が隠れていたとしても不思議ではない。

都へ帰った親鸞は何をしたか。都において彼が東国におけるような熱烈な布教をした跡は、まったくないのである。都のなかにおいて、彼は一人の隠遁《いんとん》者のようであった。彼は、ちょうどあの哲学者デカルトのように、「よく隠れるものはよく生きる」ということをモットーにして生きていたように思われる。

彼はおそらく、都で法然の正当の弟子と伝えられる人たちが法然の思想を歪《ゆが》めている、と感ぜざるをえなかったであろう。旧仏教および体制側の弾圧の厳しい都において法然教団が生きていくためには、さまざまな妥協をせざるをえなかった。

おそらくその弾圧と妥協のさまをこの目で見た親鸞は、彼の信仰の根拠地を無理にこの都の地につくる気にはなれなかったのであろう。彼は、彼が関東に播《ま》いた信仰の種子が実るのをじっと待っていたように思われる。

親鸞は彼の主著『教行信証』に何度も手を加え、また関東の弟子たちにせっせと手紙を書き、教義を和文で書いたさまざまな文書をつくった。京に戻ったのちの親鸞の活動は、布教活動よりも著作活動が中心になっている。それにしても、この老人の生活はあまりに侘《わび》しすぎるようである。彼は一定の住所を持たず、姻《いん》戚《せき》や信者の家を渡り歩いていた。

唯円の出自を考える

親鸞が唯円を知ったのは、このような生活をしていた京都における晩年であったことは間違いない。『大谷遺蹟録』には次のようにある。

《常陸国茨城郡河和田法喜山報仏寺は、高祖御弟子河和田唯円法師の遺蹟也。唯円房、俗姓は小野宮少将入道具親朝臣の子息に、始は少将阿闍梨（失名）と申ける人の世を遁れて禅念坊となん号せし人の真弟（唯善別腹舎兄）なりと云云。高祖帰洛の後、仁治元年十九歳にして、高祖（于時六十八歳）の御弟子となり、真宗の奥義に達せり。大部平太郎の達請により、師命も亦重ければ、常陸国に下り、河和田に弘興の基趾をひらいて、これを泉慶寺と云。盛に専修念仏の法を弘通す。文永十一年五十三歳にて上洛し、河州安福郡（安福郡安福村に高祖門弟真岡慶西居住せり）に至り慶西に謁す。慶西云、和州の群品聞法の志深く、請ずること厚し、然るに、我老朽にして其請に応ぜず、足下慈愍を以てかの国を化せよと。唯円竟に和州に移り、吉野郡下市秋野川の辺に一宇を営構して教導す。後関東に下り、又正応元年上都し、覚上人に謁し奉り、同二年二月六日六十八歳にして下市に化す。今の下市立興寺は彼師弘法の古跡也》

『大谷遺蹟録』というのは徳川時代の真宗の僧了雅のつくったもので、彼は自ら親しく親鸞の遺跡を歩いて調べ、この記録をつくったという。

これによれば、唯円は禅念の真弟であり、唯善の腹違いの兄ということになる。真弟というのは、子供でありながら僧としての弟子となった人のことを言う。禅念というのは実は親鸞の娘、覚信尼《かくしんに》の夫である。覚信尼ははじめ日野広綱に嫁ぎ覚恵《かくえ》を生んだが、広綱の死後、禅念に嫁いで唯善を生んだ。

前記の文によれば唯円は、この唯善の腹違いの兄（別腹舎兄）であり、すなわち禅念が覚信尼と結ばれる前の妻との間に生ませた子、つまり禅念の連れ子だというわけである。

親鸞はおそらく娘の覚信尼の再婚の夫となった禅念の縁で唯円を少年の頃から

よく知っており、唯円は唯円で自然に親鸞と接するうちに親鸞の弟子となり、親鸞と日常生活をともにするうちにおのずから真宗の奥義にも達しえたのであろう。

そして文中にもあるように、のちに大部平太郎の要請をうけ、また親鸞からも特に重要な使命を託されて（師命も亦重ければ）常陸国へと派遣され、河和田を布教の根拠地として専修念仏の道を広めたというのである。

文永十一年（一二七四）に五十三歳で上洛して、河内（河州）の安福郡で親鸞の弟子、慶西に会い、大和に浄土信仰の根拠地をつくることを求められ、吉野郡の下市の秋野川のほとりに一寺（一宇）をつくり、そこで教えを広めたというのである。

その後、彼はいったん関東に下ったのち、正応元年（一二八八）、またもや都に上がって親鸞の曾孫《そうそん》覚如（覚上人）に会い、その翌二年、六十八歳にして下市で死んだというのである。

この、正応元年に唯円が都に来た話は、覚如の息子である存覚の書いた『慕帰《ぼき》

絵詞《えじ》』にも書かれている。『慕帰絵詞』第三巻に、

《正応元年冬のころ、常陸国河和田唯円房と号せし法侶上洛しけるとき、対面して日来不審の法文にをいて善悪二業を決し、今度あまたの問題をあげて、自他数遍の談にをよびけり。かの唯円大徳は鸞聖人の面授なり、鴻才弁舌の名誉ありしかば、これに対してもますます当流の気味を添けるとぞ》

とある。

親鸞との深い関係

ここで唯円は、親鸞聖人の「面授《めんじゅ》の弟子」であると言われているのである。つまり、親しく親鸞のもとにいて、親鸞から教えを聞いた弟子だというわけである。そして「鴻才《こうさい》」すなわち学才があり、また「弁舌」すなわち弁も立つ立派な学者

であると言われている。そして覚如は、「善悪二業」のことその他の問題について「唯円大徳」から親しく教示してもらった、と『慕帰絵詞』には記されているわけである。

また覚如について弟子の乗専が書いた伝記である『最須敬重絵詞《さいしゅきょうじゅうえことば》』によれば、同じように、

《大納言阿闍梨弘雅といふ人あり。俗姓は小野宮少将入道具親朝臣の子息に、始め少将阿闍梨と申しける人の、世を遁れて禅念房となん号せし人の真弟なり。(略)後にはこれも隠遁して河和田の唯円大徳をもて師範とし、聖人の門葉《もんよう》と成て、唯善房とぞ号せられける》

とある。

唯円はここで唯善の兄であるとは書かれていないけれど、唯善の師であるとは明記されている。同じように「唯」を名乗るところを見ると、二人は師弟関係にあることは間違いないが、そのことは、決して二人が兄弟関係にあることとは矛

盾はせず、そこにはかえってそのような関係を思わせるものがあるように私には思われるのである。

唯円について、もしもこのように考えるならば、唯円という『歎異抄』の作者像は、従来の唯円像とはだいぶ変わらざるをえまい。

従来、唯円は通説的に東国の人間と考えられてきた。たとえば彼は東国の農民の出だとか、武士の出だとか、したがって『歎異抄』はそういう東国の農民や武士のにおいのする本だという説が、さほど確たる根拠もなく、実証されないままに何となくまかり通ってきた。

そして、そのため『歎異抄』で語られているところの親鸞体験も、唯円が東国で他のごく普通の弟子たちと同様の関係において体験されたもののように誤解されてきたのである。

しかし、これまでに私が記してきたところを読み返していただければおわかりかと思うが、唯円が最初から東国で親鸞と関係を持ったということは、だいいち年齢の関係の点からも無理であろう。唯円は先に私が触れたように、京都において親鸞と深い関係、ある種の複雑なつながりを伴った深い関係を持っていたと考えるほうが自然であろう。

とすれば唯円は、東国の人間であるよりは京の人間、上方生まれの人間と考えたほうが納得がいくと思われる。それも『大谷遺蹟録』に言うように、彼が禅念の息子（連れ子）であり、唯善の腹違いの兄であり、覚如とも、父母ともに違うものの一種の叔父甥《おい》の関係にあるとすれば、辻褄《つじつま》は大変によく合ってくるのではないか。

要するに、前にも述べたように、唯円は禅念房と覚信尼の結婚によって親鸞と知り合い、親鸞に傾倒してその弟子となった人物であると考えられるのである。とするならば親鸞が、唯円が親戚縁者であるということによって特に彼を可愛がり、また信頼もして、普通の弟子には言えないような内密の話もあれこれと伝えたということもよく理解できる。

「善鸞事件」の後始末役として

察するに唯円は、おそらく、のちに述べる「善鸞《ぜんらん》事件」によって東国の弟子たちの間に動揺が起こった時、主たる弟子のうちの特に大部平太郎の要請によって、老齢の親鸞に代わって東国、常陸の国へと下り、河和田の泉慶寺を根拠地として師の本意であるところの専修念仏の正しい教えを広めようとしたのに相違ない。

唯円はそのことにより、関東の弟子たちと親鸞を結びつける要《かなめ》としての役割を果したのであろう。そして文永十一年、おそらく親鸞の十三回忌のために彼は上洛し、関東での役目を一応果たしたので上方に永住しようと思い立ったのではないか。

そうであるからこそ彼は、そこで慶西の依頼に応じて和州の大和の布教を引き受け、秋野川のほとりに一寺を建て、そこで布教に努めたのであろう。事実、下市にはいまも立興寺という寺があり、そこに唯円の墓があるのである。

私は以前から、なぜ東国生まれの僧であるとされる唯円が晩年、大和で死んだのか不思議に思っていたが、その理由は『大谷遺蹟録』に基づいて考えてみるとよくわかる気がする。

唯円はおそらく、一度は大和に定住しようとしたけれど、やはり関東の弟子たちの要望によって再び関東に帰らざるをえなくなった結果、いったんは関東に下ったが、しかし望郷の念やみがたく、正応元年、またもや上洛して、覚如に精魂込めて書き上げた名著『歎異抄』を提出したのち、その翌年、六十八歳で下市の彼の寺で静かにその生命を閉じたのであろう。

ところで、前にもちょっと触れたように、晩年の親鸞には心を悩ます大きな事件が発生した。すなわち息子の善鸞に絡む事件である。

実の子と親子の縁を切る

文暦元年前後に京都に戻ってしまった親鸞を失った関東の弟子たちは、父母を失った子のごとくであり、親鸞の上洛を嘆き悲しんだが、それはどうしようもないことであった。

常陸と京都とはなにぶん遠く離れている。まあ、手紙でもって親鸞の教えを聞くことはできるとしても、それはそう容易なことではない。親鸞の播いた信仰の種子は関東の地においても確実に育ってはいたものの、師を失って、それはあらぬ方向に成長していく危険性をはらんでいる。そして事実、関東の弟子たちは次第にさまざまなかたちで分派し、その間には厄介な抗争すら起こりつつあった。

こういう現状のなかで親鸞は、自分のいわば名代として息子の善鸞を関東に送ったわけなのだが、意に反してこの息子の善鸞が関東の混乱をいっそう甚だしくしてしまったのである。

彼は特別に父から秘密の法門を教わったと言ってみたり、今まで父が関東の門人たちに教えた専修念仏の法門は誤りであったと言ってみたりした、と言われている。実際にどうであったかはよくわからないが、仮に事実だとすれば、善鸞はどうしてこのような誤解を招きやすい法門を勝手に説いたのか。なぜ父に背くような行動をしたのだろうか。どうにもよくわからないことではある。

親鸞自身も最初の頃は、善鸞の動きについての情報を正確に摑《つか》み取ることはできなかったようであるが、やがて事と次第のありように気づき、康元元年（一二五六）、遂に善鸞を義絶せざるをえなくなる。八十五になんなんとする一人の父親が実の子と親子の縁を断ち切るのは、どんなに悲しいことであったろうか。

善鸞事件について関東の門人に宛てた手紙が残っているが、それには深い悲しみが滲《にじ》み出ている。

私は、親鸞が唯円を関東に送ったのは、この善鸞事件の経過を通じてのことではなかったかと思う。善鸞の代わりに、日頃、彼が手元に置き、彼の信仰をよく知り、そのうえ彼の縁者で信頼のおける唯円を関東へ送り、彼の代理人のような役割を果たさせたのであろう。こうして唯円は関東に行き、門弟の動揺を鎮め、無事親鸞から任された使命を果たしたと見るべきであろう。

「親鸞体験」の凝縮『歎異抄』

親鸞は弘長二年（一二六二）、齢《よわい》九十歳にして死んだ。非常な長命ではあったが、彼の死をめぐっては別に法然の死のような奇瑞《きずい》が語られたわけではない。京都の町の中でひっそりとこの老人は死んだのであろう。この老人がのちに日本を代表する宗教家になるであろうことは、おそらく当時の誰も予言することはできなかったに違いない。

彼はこのように、自分を隠す生き方を最もよい生き方だと考え、隠れて生き隠れて死んだのである。

仮に唯円と親鸞の関係を以上述べたように考えるならば、『歎異抄』の成り立ちの意味も、また『歎異抄』の解釈も、従来の通説とは微妙に違ってくる。

親鸞が若き日のわずか六年の法然体験をじっと反芻したうえで彼独自の信仰をつくり、『教行信証』その他の見事な彼の著書を書いたように、唯円も親鸞と別れて赴いた関東の地において、かつての若き日々の親鸞体験をじっと反芻していたに違いない。そして親鸞死後三十年、さまざまな異端邪説が親鸞の名で出現している時期に彼は、数十年の間絶えず咀嚼《そしゃく》し続けてきた親鸞体験を、見事に、一冊の感動的な書物に集約してみせたのである。

この簡潔な『歎異抄』という本には、唯円の一生が込められているのである。全編にわたって親鸞の法然に対する強い信頼が語られているこの著書は、同時に、唯円の親鸞に対する強い信仰告白の書でもあるのだ。

第四章

道徳の延長線上に宗教はない

法然の「透明さ」への不満

これまで述べてきた知識を前提にして『歎異抄《たんにしょう》』を読んでいくことにしよう。ただその前に、法然《ほうねん》と親鸞《しんらん》の文章を読み比べていただきたい。

《もろこし我がてうに、もろ〳〵の智者達のさたし申さるゝ、観念の念ニモ非ズ。又学文をして念の心を悟リテ申念仏ニモ非ズ。たゞ往生極楽のためニハ、南無阿弥陀仏と申て、疑なく往生スルゾト思とりテ、申外ニハ別ノ子さい候ハず。但三心四修と申事ノ候ハ、皆決定《けつじょう》して南無阿弥陀仏にて往生スルゾト思フ内ニ籠り候也。此外ニをくふかき事を存ぜバ、二尊ノあハれみニハズレ、本願ニもれ候べし。念仏を信ゼン人ハ、たとひ一代ノ法ヲ能々《よくよく》学ストモ、一文不知ノ愚どんの身にナシテ、尼入道ノ無ちノともがらニ同しテ、ちしやノふるまいヲせずして、只一かうに念仏すべし》

これは法然が死に臨んで、自分の信仰を一枚の文章『一枚起請文《いちまいきしょうもん》』に表現したものである。

まことに簡潔かつ明晰《めいせき》に彼の思想と人生が表現されている。

法然にしても親鸞にしても、自己の主著はあくまで漢文で書いている。それが『選択《せんちゃく》本願念仏集』であり『教行信証《きょうぎょうしんしょう》』であるが、しかし、彼らも日本人であるからには、むしろ漢文の著作より和文の文章に彼らの思想と信条が的確に表現されていると思われる。

この『一枚起請文』は、まったくの無駄を省いて、ギリギリに法然の言いたいことを語った名文であると私は思う。

念仏というのは、今までの学者が述べたような観念の念仏ではない。ただ口で「南無阿弥陀仏《なむあみだぶつ》」と唱える口誦《こうしょう》念仏である。そして、口で「南無阿弥陀仏」を唱える念仏の中に、三心――至誠心《しじょうしん》、深心《じんしん》、廻向発願心《えこうほつがんしん》、あるいは四修恭《く》――敬《ぎょう》修《しゅ》、無余修、無間修、長時修、という心や修行が込められているのである。これ以外に極楽往生の方法はないと法然は言うのである。

「念仏を信ゼン人」以下の文章は、法然自身の人生を語っているように思われる。彼は当世一番の大学者であった。その当世一番の学者であった法然が、学問の結果、口誦念仏の易行《いぎょう》こそ末代凡夫の極楽往生の方法であることを知って、一文不知《いちもんふち》の尼入道や、無智のともがらと同じように、智者の振舞いをせずに、ただ一向に念仏したのである。

私は、この『一枚起請文』に自己の思想と存在のすべてを凝集した法然の人生を素晴らしいと思う。それはなんと透明で、なんと謙虚な人生であろうか。しかし、このような文章に私は不満を感じないわけではない。あまりにもそこにある情念が透明だからである。

法然の心の中にもいろいろ煩悩《ぼんのう》や苦悩が渦巻いていたはずである。その煩悩や苦悩を、これほどまで透明な文章に結集させる法然は、たしかに勢至菩薩《せいしぼさつ》の生まれ変わりと言われてもいいような智者かもしれないけれども、法然が布教の対象とした煩悩熾烈《しれつ》な末法の凡夫は、このような透明な文章に、多少不満を感じたかもしれないのである。

「愚禿」に込められた激しい意志

このような文章の正反対に親鸞の文章があると私は思う。

《後鳥羽院之御宇《ぎょう》、法然聖人他力本願念仏宗を興行す。于《とき》レ時《に》興福寺（の）僧侶敵奏之。上御弟子中狼藉《ろうぜき》子細あるよし、無実《むじつ》風聞によりて罪科に処せらるゝ人数（の）事。

一。法然聖人 幷《ならびに》御弟子七人流罪、又御弟子四人死罪におこなはるゝなり。聖人は土佐（の）国番多といふ所へ流罪、罪名藤井元彦男云々、生年七十六歳なり。親鸞は越後国、罪名藤井善信云々、生年三十五歳なり。

浄聞房《じょうもんぼう》 備後（の）国 澄西禅光房《ちょうさいぜんこうぼう》 伯耆《ほうき》（の）国

好覚房《こうかくぼう》　伊豆（の）国　行空法本房《ぎょうくうほうほんぼう》　佐渡（の）国
幸西成覚房《こうさいじょうがくぼう》・善恵房《ぜんえぼう》二人、同遠流にさだまる。しかるに無動《むどう》寺之善題大僧正、これを申あづかると云々。
遠流《をんる》之《の》人《ひと》〻已上《いじょう》八人なりと云々《うんぬん》。
被レ行二死罪一人々
一番　西意善綽房
二番　性願房
三番　住蓮房
四番　安楽房
二位法印尊長之沙汰也。
親鸞改《めて》二僧儀一賜《をたまふ》二俗名《を》一、仍《て》非《ず》レ僧《に》非《ず》レ俗《に》、然間《だ》以《て》二禿《の》字《を》一為《して》レ姓《と》被《れ》レ経《へ》二奏聞《を》一了。
彼《の》御申《し》状、于二今一外記庁に納《る》と云々。
流罪以後、愚禿親鸞令《しめ》レ書給也》

これは『歎異抄』の附録として載せられているものであり、関東の弟子に伝えられる『親鸞聖人血脈文集《けちみゃくもんしゅう》』にも付けられている文章でもある。『教行信証』の化身土《けしんど》の三巻の文章とも相通じ、親鸞自らの書いた文章であると思われる。

明らかに、文章の調子は法然の文章と正反対である。

法然は流罪《るざい》後も、あまり流罪について語ろうとしなかった。そして在京の法然の弟子たちも、それを法難としてとったけれども、法然を流罪にした当時の政治権力を責めようとはしなかった。

しかし、親鸞は逆である。彼は、この流罪の事件をむしろ信仰の原点として置こうとしているのである。そして、ここで激しく、彼らを流罪にした旧仏教とともに政治権力をも告発しているのである。

親鸞は真っ先に法然および弟子たちの流罪と死罪について書き、次に法然の土佐国への流罪について記し、そしてそれとならべて親鸞自身の越後国への流罪について記している。

ここには、はっきりと、親鸞の法然との運命共同体意識がある。しかも、権力から強制的に与えられたとはいえ、「藤井」の姓をもらったのは法然と親鸞の二人だけである。彼は誇らかに法然の罪名、藤井元彦に対して、彼の罪名、藤井善信を並べているのである。

その最後の「親鸞改僧儀賜俗名、仍非僧非俗、然間以禿字為姓被経奏聞了。彼御申状、于今外記庁に納と云々」という言葉はすさまじい。これは法然では絶対、書けない、また、書かない文章である。

俗名を賜わったということは、親鸞にとって大いに恥辱であったにちがいない。彼はもはや権力によって僧ではないと宣告されたのである。しかし、彼はもはや俗人に還《かえ》ることはできない。というより彼は罪人であり、俗人からも排除されている。僧であることもできず、俗であることもできない。そこで、彼は「禿《とく》」の字をもって姓となすことをお上《かみ》に願い出た。

「禿」というのはザンバラ髪の人間であり、それは治外の民である。言ってみればそれは人間視されない人間の仲間、現在で言えばヤクザの仲間である。それを自分の姓にしてくれと官にそう申したというのである。しかもその上に「愚」をつけるという奇妙な姓を自分でつくって、それを名乗る許可を求めたというのである。

これは、藤井善信という姓名をお上が与えたことに対する強烈なしっぺ返しである。その皮肉がよくわからなかったのであろうか、親鸞の奏聞《そうもん》は受理され、今もその申し状が残っているという。これはまさに親鸞が、彼を無実の流罪にした官権に対して放った強烈な挑戦状と言ってよい。

ひとえに「弥陀の本願」を信じて

私は先に、親鸞の文章には容易に理解し難い、黒々とした深い情念がこもっていると言ったが、その最もよき例がここにある。たしかに親鸞は法然に出会うことによって、その人生の方向を変え、一生、法然の教えを説いたと語っているが、その性格は法然の反対の極《きわみ》にあったことは、この文章によってもわかるのである。しかし、唯円《ゆいえん》の文章は、法然の文章とも、また親鸞の文章とも違う。

第一条――

《弥陀の誓願不思議にたすけられまひらせて往生をばとぐるなりと信じて、念仏まふさんとおもひたつこゝろのおこるとき、すなはち摂取不捨《せっしゅふしゃ》の利益《りやく》にあづけしめたまふなり。弥陀の本願には、老少・善悪《まく》のひとをえらばれず、たゞ信心を要とすとしるべし。そのゆへは、罪悪深重《じんじゅう》、煩悩熾盛《しじょう》の衆生をたすけんがための願《がん》にまします。しかれば本願を信ぜんには、他の善も要にあらず、念仏にまさるべき善なきゆへに。悪をもおそるべからず、弥陀の本願をさまたぐるほどの悪なきゆへにと云〻》

「訳　阿弥陀さまの不可思議きわまる願いにたすけられてきっと極楽往生することができると信じて、念仏したいという気がわれらの心に芽ばえ始めるとき、そのときすぐに、かの阿弥陀仏は、この罪深いわれらを、あの輝かしき無限の光の中におさめとり、しっかりとわれらを離さないのであります。そのとき以来、われらの心は信心の喜びでいっぱいになり、われらはそこから無限の信仰の利益を受けるのであります。（中略）

それゆえ、この阿弥陀さまの本願を信ずるためには、他の善をなす必要は毛頭ありません。ただ念仏すればいいのです。念仏以上の善はほかにありませんから。また、あなたがかつてなしたであろう悪業《あくごう》や、いま現にこれからするであろう悪業をおそれる必要はありません。この阿弥陀さまの本願を妨げる以上の悪はありませんから」

これが『歎異抄』の第一条であるが、そこにうかがわれるのは、法然とも親鸞とも違う明晰さと激しさである。そうした言葉でもって『歎異抄』では、法然から親鸞に、親鸞から唯円に伝わる浄土信仰の根本が語られているのである。

その思想の根本は本願という思想である。本願というのは、『大無量寿経《だいむりょうじゅきょう》』に語られている思想である。

阿弥陀仏はもともと、法蔵《ほうぞう》菩薩という、この世界に住んでいる人間であった。が、四十八の願をかけて、難行苦行して、その願が成就して阿弥陀仏になられたものである。その四十八の願の中の、第十八願が、法蔵菩薩、すなわち阿弥陀仏の本願であったというのである。

《たとひわれ仏を得たらむに、十方の衆生、心を至し信楽《しんぎょう》してわが国に生れむと欲《おも》ふて乃至十念せむ、もし生れずば正覚を取らじ。ただし五逆《ごぎゃく》の誹謗《ひぼう》正法とをば除く》

第十八願というのはこのような願である。つまり、心から極楽浄土に往生しようと思って十念すれば、五逆と誹謗正法を除いてどんな人間でも、極楽浄土に往生しなかったら自分は仏にならない。こういう願をかけて法蔵菩薩は仏になられたのであるから、必ずすべての人が極楽浄土に往生することができるはずだというのである。

この十念というのは、法然は十回、口誦念仏を唱えることと解釈するわけであるが、とすれば、五逆と誹謗正法の罪人、すなわち人を殺したり、仏教を誹謗したりする罪を犯した人間以外、すべての人間は「南無阿弥陀仏」と十回唱えれば極楽往生することができることになる。

前にも述べたように、浄土教は既に源信以来、興隆の一途を辿《たど》っていた。阿弥陀浄土に往生するのは、当時の人々の共通の願望であった。しかし、どうして往生するのか。それは阿弥陀仏の本願を信じればよいという。本願というのは、どんな悪人といえども念仏をすれば極楽浄土に往生させてやろうという法蔵菩薩の第十八願である。阿弥陀浄土に往生するには、阿弥陀の本願を信ずることが最も手近なのである。

こうした法然と違って、親鸞は念仏を長時間するというようなことを重んじない。親鸞によれば、一度念仏すれば、既にそれで往生することができるのである。さらに言えば念仏をしようとする心が起こったときに、既に阿弥陀によって極楽往生が保証されているのである。

唯円の『歎異抄』の第一条は、このような親鸞を通じて唯円に語られた法然の思想の根本がはっきり示されている。念仏をすれば、あるいは念仏しようという心が起こったときには、既に人間は極楽浄土に往生することができるのである。それを信ぜよ。それが最高の善である。唯円は決然としてこの大原則を主張しているわけである。

「善人なをもて往生をとぐ……」

第三条――

《善人なをもて往生をとぐ、いはんや悪人をや。しかるを、世のひとつねにいはく、悪人なを往生す、いかにいはんや善人をや。この条一旦そのいはれあるににたれども、本願他力の意趣にそむけり。そのゆへは、自力作善《さぜん》のひとは、ひとへに他力をたのむこゝろかけたるあひだ、弥陀の本願にあらず。しかれども、自力のこゝろをひるがへして、他力をたのみたてまつれば、真実報土《ほうど》の往生をとぐるなり。煩悩具足のわれらは、いづれの行にても生死《しょうじ》をはなるゝことあるべからざるを、あはれみたまひて願をおこしたまふ本意、悪人成仏のためなれば、他力をたのみたてまつる悪人、もとも往生の正因なり。よて善人だにこそ往生すれ、まして悪人はと、おほせさふらひき》

［訳　善人ですら極楽浄土へ行くことができる、まして悪人は、極楽浄土へ行くのは当然ではないか、私はそう思いますが、世間の人は常にその反対のことをいいます。

悪人ですら極楽へ行くことができる、まして善人は、極楽へ行くのは当然ではないかと。

世間の人のいうほうが一応理屈が通っているように見えますが、この説は、本願他力の教えの趣旨に反しています。と申しますのは、みずから善を励み、自分のつくった善によって極楽往生しようとする人は、おのれの善に誇って、阿弥陀さまにひたすらおすがりしようとする心が欠けていますので、そういう自力の心がある間は、自力の心を捨ててただ阿弥陀さまの名を呼べば救ってやろうとおっしゃった、阿弥陀さまの救済の本来の対象ではないのであります。しかし、そういう人といえども、自力の心を改めて、もっぱら他力、すなわち阿弥陀さまのお力におすがりすれば、正真正銘の極楽浄土へ行くことができます。ところが、われらのごとき心の中にさまざまなどす黒い欲望をいっぱい持つ者が、どういう行によってもこの苦悩の世界を逃れることができないでいるのを阿弥陀さまはあわれんで、あの不可思議な願いを起こされたわけですから、もともと阿弥陀さまの願いを起こされるほんとうの意思は、この悪人を成仏《じょうぶつ》させようとするためでありましょうから、自分の中に何らの善も見出さない、ひらすら他力をおたのみするわれらのごとき悪人のほうが、かえってこの救済にあずかるのに最もふさわしい人間なのであります。

だから、善人ですら極楽へ行くことができる、まして悪人は極楽へ行くのは当然ではないかと、なくなった法然聖人が仰せられたのも、深い理由があってのことであります」

「善人なをもて往生をとぐ、いはんや悪人をや」という、激烈なパラドックスを含むこの文章は『歎異抄』をして有名ならしめたのであるが、その言葉は既に法然によって語られている。先ほどの『一枚起請文』でも、既にこういう思想がやや穏和なかたちで現れており、それは当然、法然の専修念仏《せんじゅ》の論理的な結論になるはずのものである。法蔵菩薩すなわち阿弥陀仏は、智者や善人を対象にして、あのような願をかけたわけではない。むしろ愚かな悪人を対象に、あのような願をかけたのである。

愚かな悪人は、知恵や徳の力によって極楽へ往生することはできない。ただ口で「南無阿弥陀仏」と唱える、誰にでもできる易行の念仏によってのみ極楽へ往生することができるのである。その愚かな悪人の成仏を阿弥陀如来《にょらい》は『大無量寿《だいむりょうじゅ》経《きょう》』においてはっきり保証しているのである。とすれば、阿弥陀の願は悪人成仏のためであり、まさに他の方法によって極楽往生することができない悪人こそは、往生の正因《しょういん》である。

だから、悪人なお往生す、いわんや善人をや、という常識はここでは通用せず、「善人なをもて往生をとぐ、いはんや悪人をや」という言葉こそ真理であるというのである。

このパラドックスは、まさに強烈な宗教のパラドックスであろう。道徳の延長線上に宗教はない。自己の善を否定しなくては阿弥陀仏に巡り合えないというのである。たしかにこれは法然や親鸞の思想に内在しているパラドックスであるが、唯円はこのパラドックスを見事に先鋭化して、このような激烈な言葉を語るのである。

私は、これを読むと、唯円は法然とも親鸞とも違った人間であると思われて仕方がない。

彼は親鸞のあのどす黒い情念の世界を、法然的な明晰な論理で表現しようとしているように思われる。そこでパラドックスは比類のない先鋭さで表現されているのである。

念仏行者の「偽善」への嫌悪

第九条――

《念仏まふしさふらへども、踊躍歓喜《ゆやくかんぎ》のこゝろおろそかにさふらふこと、またいそぎ浄土へまひりたきこゝろのさふらはぬは、いかにとさふらふべきことにてさふらうやらんと、まふしいれてさふらひしかば、親鸞もこの不審ありつるに、唯円房おなじこゝろにてありけり。よく〱案じみれば、天におどり地におどるほどによろこぶべきことを、よろこばぬにて、いよ〱往生は一定《いちじょう》おもひたまふなり。よろこぶべきこゝろをおさへて、よろこばざるは煩悩の所為《しょい》なり。しかるに、仏《ぶつ》かねてしろしめして、煩悩具足の凡夫とおほせられたることなれば、他力の悲願は、かくのごとし。われらがためなりけりとしられて、いよ〱たのもしくおぼゆるなり。また浄土へいそぎまひりたきこゝろのなくて、いさゝか所労《しょろう》のこともあれば、死なんずるやらんとこゝろぼそくおぼゆることも、煩悩の所為なり。久《く》遠劫《おんごう》よりいまゝで流転せる苦悩の旧里《きゅうり》はすてがたく、いまだむまれざる安養《あんよう》浄土はこひしからずさふらふこと、まことによくく煩悩の興盛《こうじょう》にさふらうにこそ。なごりおしくおもへども、娑婆《しゃば》の縁つきて、ちからなくしておはるときに、かの土《ど》へはまひるべきなり。いそぎまひりたきこゝろなきものを、ことにあはれみたまふなり。これにつけてこそ、いよく大悲大願はたのもしく、往生は決定《けつじょう》と存じさふらへ。踊躍歓喜のこゝろもあり、いそぎ浄土へもまひりたくさふらはんには、煩悩のなきやらんとあしくさふらひなましと云〻》

「訳『念仏を申していましても、どうしたわけでしょうか、念仏すれば自然に生ずるといわれる、踊りたくなるような、とびはねたくなるような強い喜びの心がちっともわいてきません。また、楽しいはずの極楽浄土に早く行こうとする気もさっぱりございません。これは一体全体どうしたことでございましょうか』と、私が親鸞聖人におそるおそるお尋ねしたところ、親鸞聖人は、『実をいえば私も、自分の心にそういう疑問を感じていた。唯円房も同じ心であったか』といわれて、次のようにお答えになった。

　あなたの第一の疑問ですが、よくよく考えてみますと、本来念仏すれば、天に踊り地に踊りたくなるような喜びを感じるはずなのですが、われらはそれを一向喜ばない。しかし、喜ばないから、かえってわれらの極楽往生は間違いないと思わなければならないのです。喜ぶべきことを喜ばないようにさせるのは煩悩のせいであります。しかるに仏さまは、初めからそのようなわれらの心にある煩悩をすっかりお見通しの上で、煩悩具足の凡夫とおっしゃって、この凡夫救済の願を立てられたわけでありますから、この他力の悲願はわれらのごとき凡夫のためであるということがわかりまして、一そう仏さまの救いがたのもしく思われるのです。また、早く浄土へ行こうという心がなく、ちょっと病気でもすると死ぬのじゃないかと心細く思われることも煩悩のせいであります。遠い遠い昔から、生まれかわり死にかわりして流転してきた、この苦しみに満ちた故郷が捨てかねて、まだ生まれたことのない安らかな浄土を恋しく思わない。それも、われらの心にさまざまな煩悩がむらがり起こって盛んな証拠。この世に名残りは尽きないものの、この世の寿命が尽きて、どうしようもなく死んでしまわねばならぬときになって、やっとあの世へ行くのが凡夫の常であります。こういうふうに、いつまでもこの世に恋々《れんれん》とした思いで、急いで浄土へ行こうとする心がない人間を、仏はとりわけかわいそうに思われるわけです。

こういうことを考えるにつけても、いよいよ仏さまの大きな慈悲、大いなる願いが頼もしく思われ、われらはそういう凡夫ゆえ、極楽往生することは絶対に間違いないと思うのであります。もしも踊り上がり、飛び上がりたくなるような強い喜びが心にあったり、急いで浄土へ行きたいと思うような場合には、われらの心に煩悩がないのではないかと、かえって極楽往生のために都合が悪いと思われるのであります」

これまた恐るべきパラドックスの言葉である。恵心僧都《えしんそうず》（源信）が『往生要集』で描き、当時の民衆の常識を形成していたように、この世は苦悩に満ちた汚い世界であり、あの世、すなわち極楽浄土こそ、この上もない楽しみに満ちた美しい世界であるとすれば、どうして一刻も早くこの世に別れを告げ、あの世に行こうとしないのか。源信は厭離穢土《おんりえど》、欣求浄土《ごんぐじょうど》、すなわちこの世を厭《いと》い嫌って、あの世を願い求めよというのである。このような源信の教えに従って、多くの念仏行者がこの世を厭って、あの世、極楽浄土へ自発的に赴いた。唐の高僧伝によれば、善導《ぜんどう》もまた、このような自発的な極楽往生を遂げた僧であると伝えられるが、善導にならって多くの僧たちが、このように踊躍《ゆやく》歓喜して極楽浄土に自発的に赴いたのである。

この念仏行者のはなはだ劇的な極楽往生のさまが、多くの往生極楽伝として残されている。おそらく源信の書物をまともに信じて、踊躍歓喜して極楽往生しようとしたり、しようとするふりをする念仏行者も多かったのであろう。

克服された「ペシミズム」

この第九条は、このような行者の偽善を厳しく告発しているのである。念仏をしてもちっとも愉快な心にならないのはどういうわけであろうと、唯円は師匠に尋ねるのである。

これは一見、念仏往生の思想の矛盾をとがめる問いのようにすら思われる。唯円と親鸞との間によほどの信頼関係が成立しなかったならこのような問答も不可能であろう。おそらく唯円といえども思い切って、卑近な例をとれば、清水の舞台から飛び降りる気持ちでこのことを問うたに違いない。

しかし、それに対する親鸞の答えが、ふるっている。実は自分も同じだというのである。自分も念仏を申しても、さっぱり嬉《うれ》しい気持ちがわいてこない。人に念仏を勧めるのに、念仏しても、さっぱり喜びがわかないというのでは、人に容易に念仏を勧めることはできないのではないか。それなのに親鸞自身が、念仏してもさっぱり踊躍歓喜の心が起きず、唯円房と同じだというのである。

それならば念仏をしてもしようがないのではないかという疑問に対して、親鸞は、それだからこそわれわれは念仏をすべきであり、また、それだからこそ極楽往生は決まっているというのである。なぜ念仏をしても喜びの心がわかないのか。それは煩悩のせいである。われわれの中には強い煩悩があって、病気になると死ぬのではないかと心配するばかりで、さっぱり早く浄土へ行きたいという気持がわかない。それというのもこの苦の世界であると思われる現実の世界が捨て難く、必ず未来に行くはずであると思われる安らかな浄土が恋しくないからである。

それもすべては旺盛な煩悩のせいである。そういう煩悩の多い人間をあの世に往生させるのが、阿弥陀如来の本願であるので、念仏をしてもさっぱり嬉しい心がわかないのは、結局、われわれの煩悩が多いせいであるが、煩悩が多いことは、逆に阿弥陀の本願に対して、往生は間違いないと思うというのである。

念仏をして嬉しくてしようがなく、急いで浄土へ行きたいというふうに思うのは、かえって煩悩も少なく、それは阿弥陀の本願に外れるのではないかと思うと、親鸞は言うのだ。

まったく見事なパラドックスである。このような親鸞の立場に立てば、善導のように、美しい浄土を求めて自らの死を早くするのは、阿弥陀の本願に背くものということになる。阿弥陀の本願に従って、生命ある限り阿弥陀にお任せして生きて、娑婆《しゃば》の縁が尽きて、力が衰えたときに、あの浄土へ行けばよいと親鸞は言うのである。

結論として、ここにおいて、以前の浄土教が持っていた、そして法然においてもまだ克服されなかったペシミズムが完全に克服されたのである。それは、現世においても、また来世においてもひたすら阿弥陀に任せて生きる絶対的なオプテイミズムの思想であるといえる。

父母の孝養のため念仏せず

第五条——

《親鸞は、父母の孝養のためとて、一返《いっぺん》にても念仏まふしたることいまださふらはず。そのゆへは、一切の有情《うじょう》はみなもて世々《せせ》生々《しょうじょう》の父母兄弟なり、いづれもいづれもこの順次生《じゅんじしょう》に仏《ぶつ》になりてたすけさふらうべきなり。わがちからにてはげむ善にてもさふらはゞこそ、念仏を廻向《えこう》して父母をもたすけさふらはめ。たゞ自力をすてゝ、いそぎさとりをひらきなば、六道《ろくどう》・四生《ししょう》のあひだ、いづれの業苦《ごうく》にしづめりとも、神通方便《じんづうほうべん》をもて、まづ有縁《うえん》を度《ど》すべきなりと云々》

［訳　親鸞は、なくなった父母の追善供養のためだといって念仏をしたことは一度もございません。といいますのは、すべての生きものは、因果の理によって、一たん死んでも、また別の形で生まれかわってくるものでありますから、長い長い

前世においては、すべての生きとし生けるものは、いつかはわが父母であり、わが兄弟であったことが必ずあると思われるのです。それゆえ、われらが死んで極楽浄土へ行き、仏になったとき、今生《こんじょう》のわが父母、わが兄弟ばかりではなく、すべての生きとし生けるものをたすけなければならないと思うのです。また、一生懸命自分で努力して積み上げる善行でしたら、その善行を回して、念仏の功徳《くどく》で、六道をさまよっている父母を救い出そうとすることもできましょう。しかし、念仏の行はそういう自力の行ではないので、そういうこともできません。私はひたすら自力を捨てて急いで極楽浄土へ行き、仏になりたいと思っているのでありま す。もし仏になりましたならば、わが父母や兄弟たちがたとえどのような世界でどのような生物の形をとって生き、前世からの縁によってどのような深い苦しみに沈んでいても、不思議なる力によってまず自分に最も縁の深い父母から救い出すことができると思っているのであります」

親鸞にとって、阿弥陀の本願を信ずることは、それこそすべての中で最高の善であった。それは普通の意味の善を超えている。それは自ら励む善ではなく、阿弥陀によって授けられる善であり、その意味で最高の善なのである。親鸞は一切自力の善を捨てて、その最高の善を積めというのである。

当時から日本において最もよく読まれた経典は『般若心経《はんにゃしんぎょう》』であった。『般若心経』は人間に、心の執着を捨てて無になれ、無の心、自由な心になれと教える経典であるが、この経典は、多くはなくなった縁者の追善供養のために読まれるのである。つまり、六道をさまよう亡者の霊に、執着を捨てて成仏せよと勧める経典なのである。

祖先崇拝の風習が盛んな日本において、仏教は、なくなった父母の追善供養と強く結びついている。したがって、経を読むのも、六道輪廻《りんね》に沈んでいるかもしれない父母の霊をあの世の苦悩から救済するためなのである。

念仏もまたそのような意味を持っている。しかし、親鸞は、自分は一度も父母の追善供養のための念仏はしたことはないと言う。その理由を親鸞は二つ挙げる。一つは、一切の生きとし生けるものは皆、われわれが生まれかわり死にかわり、死にかわり生まれかわってきたものであるから、われわれとつながりを持っている。

その意味で、一切の生きとし生けるものは、われわれの父母兄弟である。それですべての生きとし生けるものは、何度も何度も死にかわり生まれかわっているうちに、最後には仏になって、やはり助けられるべきものであると言うのである。

私は、これはやはり驚くべき思想であるように思う。従来の神道や仏教は、家族とか国家に束縛されていた。家族のために、国家のために仏に祈り、神に祈る。そういう性格を否定することはできなかったと思う。しかし、ここに家族や国家を超えた普遍的な宗教が示されている。しかも、それは人間の立場すら超えている。

一切の生きとし生けるものは皆、世々生々の父母兄弟であると言う。

それは前に述べた天台本覚論の一つの現れである。念仏によって、この人間は、この普遍的な一切の生きとし生けるものと直接つながるわけである。そこに親鸞の普遍主義の立場がある。

もう一つの理由は、念仏は本来、阿弥陀によって与えられる善で、自力の善ではない、自力の善ならば、それを廻向して父母を助けることはできるが、阿弥陀の善であるので、とてもそれを廻向して父母を助けることはできないと言うのである。

親鸞は、人間の力に絶望しているのであろう。現世においても父母兄弟あるいは子や孫を自分の力で救いとるのは難しい。まして死んで六道をさまよう父母兄弟の霊を自力で救いとるのはとても無理である。それができるには、まず自分が仏になってからであると言う。自分が自力を捨てて悟りを開き、あの世へ往生して、無事仏になったならば、六道・四生の間に、どんなに業苦に沈んでいても、神通方便で救いとることはできる。そのとき、まず父母兄弟から救いとればよいと言うのである。

あの世へ行ってから仏になってから自由に父母兄弟から救いとるということを、どれほど親鸞が真面目《まじめ》に考えていたかよくわからない。ただ、ここに表現されているのは、現世の小さな努力を諦観《ていかん》して、もっぱら来世の成仏に期待をかける親鸞の悟りきった心なのである。

如来から賜った信心を生きる

第六条――
《専修念仏《せんじゆねんぶつ》のともがらの、わが弟子ひとの弟子といふ相論《そうろん》のさふらうらんこと、もてのほかの子細《しさい》なり。親鸞は弟子一人《いちにん》ももたずさふらう。そのゆへは、わがはからひにて、ひとに念仏をまふさせさふらはゞこそ、弟子にてもさふらはめ、弥陀の御《おん》もよほしにあづかて念仏まふしさふらうひとを、わが弟子とまふすこと、きはめたる荒涼《こうりょう》のことなり。つくべき縁あればともなひ、はなるべき縁あればはなるゝことのあるをも、師をそむきてひとにつれて念仏すれば、往生すべからざるものなりなんどいふこと、不可説《ふかせつ》なり。如来よりたまはりたる信心をわがものがほにとりかへさんとまふすにや。かへすぐ〲も、あるべからざることなり。自然《じねん》のことはりにあひかなはゞ、仏恩をもしり、また師の恩をもしるべきなりと云〻》

「訳　もっぱら他力の念仏を行なっている仲間の中で、あいつはおれの弟子だ、おまえの弟子だとかいって、弟子を取り合いしてけんか口論することがあるということですが、とんでもないことです。私は弟子を一人も持っていません。と申しますのは、私自身のはからいで他人に念仏をさせましたならば、その人は私の弟子ということができましょう。しかし、実際はそうではなく、その人は阿弥陀さまの光明に照らされ、阿弥陀さまのおかげで念仏を申しているわけですのに、そういう人を自分の弟子だと申しますのは、全く心が寒々とする思いであります。師弟の間といえども、前世からの因縁によって定まっている運命、つくべき運命があれば弟子は師につき、離れるべき運命にあれば弟子は師から離れるものでありますのに、師にそむいて別の人について念仏をしたら極楽往生することができないなどというのは、どうにも理解できないことであります。もともと信心は阿弥陀さまから賜わったはずなのに、師は、弟子が阿弥陀さまから賜った信心を、あたかも自分のものであるかのように自分のもとへ取り返そうと思って、そんなことを言うのでしょうか。とんでもない話で、決してあってはならないことであります。阿弥陀さまのおはからいにおまかせして、こせこせと智恵を働かすことなく、自然の理に従って生きていますのならば、去っていった弟子たちも、いつかは仏さまの大きな恩を知り、また師の恩を知るときもありましょう」

父母の孝養などということからも超越した世界に住んでいた親鸞が、学閥とか宗派だとかいうことからも超越したところにいたのは当然であろう。

親鸞が京都へ帰ってきたときに、京都では法然の弟子たちの間に争いが生まれていた。それは、法然の正系は誰であるかという争いであり、弟子の取り合いでもあった。あるいは関東において、親鸞の弟子たちの中でもそういう争いが起っていたのかもしれない。

親鸞は、自分こそ法然の正当の衣鉢《いはつ》を継ぐ者であると固く信じていた。けれども、そういう争いに巻き込まれようとはしなかったし、また親鸞の弟子たちのそういう争いをも、苦々しく見ていたにちがいない。それに対する批判が「親鸞は弟子一人ももたずさふらう」という激烈な言葉となって表現されているのである。

その理由は、本来、念仏というものは自分のはからいでするのではない、阿弥陀如来のはからいによってするのである、だから、わが弟子、他人の弟子といって、師に背いて念仏をすれば往生ができないというのは、まったく理解できないと言う。それは、本来、如来から賜った信心を自分のもののように思うことであり、間違ったことであると言うのである。

関東から帰った親鸞は、京都において、もはや弟子をとろうとしなかった。あれほど布教に熱心であった親鸞がなぜ京都で弟子をとろうとしなかったか。その理由の一端がここに示されているように思われる。

阿弥陀信仰は如来から賜ったもの、その信心のままに自然に生きれば、それでよいではないか。それがもし正しいものであるならば、それは水の低きにつくごとく、自然に世の中に浸透するはずである。晩年の親鸞の透徹した心境がここに現れているように思われる。

第五章

弥陀を信じた親鸞の究極の境地

「たとひ法然聖人にすかされ……」

第二条――

《おの〳〵十余ケ国のさかひをこえて、身命《しんめい》をかへりみずしてたづねきたらしめたまふ御《おん》こゝろざし、ひとへに往生極楽のみちをとひきかんがためなり。しかるに、念仏よりほかに往生のみちをも存知《ぞんじ》し、また法文等をもしりたるらんと、こゝろにく〳〵おぼしめしておはしましてはんべらんは、おほきなるあやまりなり。もししからば、南都《なんと》・北嶺《ほくれい》にもゆゝしき学生《がくしよう》たち、おほく座《おわ》せられてさふらうなれば、かのひとにもあひたてまつりて、往生の要よく〳〵きかるべきなり。親鸞におきては、たゞ念仏して弥陀にたすけられまひらすべしと、よきひとのおほせをかふりて信ずるほかに、別の子細なきなり。念仏は、まことに浄土にむまるゝたねにてやはんべらん、また地獄におつべき業《ごう》にてやはんべるらん。惣《そう》じてもて存《ぞん》知《じ》せざるなり。たとひ法然聖人にすかされまひらせて、念仏して地獄におちたりとも、さらに後悔すべからずさふらう。そのゆへは、自余《じよ》の行《ぎよう》もはげみて仏《ぶつ》になるべかりける身《み》が、念仏をまふして地獄にもおちてさふらはゞこそ、すかされたてまつりてといふ後悔もさふらはめ。いづれの行もおよびがたき身なれば、とても地獄は一定《いちじよう》すみかぞかし。弥陀の本願まことにおはしまさば、釈尊の説教虚言《きよごん》なるべからず。仏説まことにおはしまさば、善導《ぜんどう》の御釈《おんしやく》虚言《きよごん》したまふべからず。善導の御釈まことならば、法然のおほせそらごとならんや。法然のおほせまことならば、親鸞がまふすむね、またもてむなしかるべからずさふらう歟《か》。詮ずるところ、愚身の信心《しんじん》におきてはかくのごとし。このうへは、念仏をとりて信じたてまつらんとも、またすてんとも、面〻の御はからひなりと云〻》

「訳　皆さん方は、はるばる遠い関東の地から、十余カ国の国境を越えて、生命の危険を顧みず、この京都の地にわびずまいする私を訪ねて来られた。あなた方の志はどこにあるのか。ただ私から、極楽に往生する方法を聞き出そうとするためでありましょう。ところが、残念なことには、私が念仏以外に何か別の極楽往生の方法を知っていて、またその方法が説かれている秘密な経典を知っていながら、わざとそれを隠しているので、その奥にあるものを知りたいとおっしゃってここまで訪ねて来られたとすれば、たいへんな間違いであります。もしそう思っていらっしゃるなら、奈良にある興福寺《こうふくじ》や、叡山にある延暦寺《えんりやくじ》をお訪ねなさるがよろしい。そこには、ちゃんと学問をなされた偉い学者さんがどっさりいらっしゃいますから、その人たちにお会いになって、極楽往生の秘訣《ひけつ》をよくよくお聞きなさるがよろしい。

私は、ただ念仏すれば、阿弥陀《あみだ》さまにたすけられて必ず極楽往生ができるという、あの法然聖人《ほうねんしょうにん》のおっしゃいましたお言葉を、ばか正直に信じている以外に、別の理由は何もないのであります。念仏をすれば、本当に極楽浄土に生まれる種をまくということになるのでしょうか。それとも、それはうそ偽りで、念仏すればかえって地獄におちるという結果になるのでしょうか。残念ながらそういうことは私はとんと知ってはいないのであります。たとえ法然聖人がおっしゃったことがでたらめであり、私は法然聖人にだまされて念仏をしたため地獄におちたとしても、ちっとも後悔いたしはしません。といいますのは、私が念仏以外の他の行を一生懸命勤めて、その結果仏になることができるような身でありながら、念仏をしたために地獄におちるというならば、法然聖人にだまされたという後悔も起こり得ましょう。

しかし、私はそんな智恵も徳行もなく、念仏以外の他の行によって仏になることなどはとっても期待できない身でありますから、念仏の行によらなかったら、永遠に地獄にいるより仕方がない身なのであります。

もしも、阿弥陀さまの衆生《しゅじょう》救済の願いが真実であるとすれば、そのことをあの『三部経』という経典で説いたお釈迦《しゃか》さまの説法が間違っているはずはありません。もしもこのような『三部経』におけるお釈迦さまの説法が間違ってなかったならば、それを正しく解釈した善導大師の注釈書が間違っているはずはありません。

そして善導大師の注釈書が正しかったならば、その善導大師の注釈によって正しい念仏の教えを説かれた法然聖人の言葉が偽りであるということがありましょうか。もし法然聖人の教えが正しかったならば、私があなた方に申しました念仏往生の教えもどうして間違っていましょうか。私の信心はただそれだけ、そのほかには何もないのであります。

だから皆さん、以上の私の言葉をとっくりお考えの上、念仏を信じなさるもよろしいし、念仏を捨てなさるのもよろしい。全く皆さま方の自由勝手、皆さま方が自分でおきめになることであります」

善鸞事件の苦悩の中で

この言葉は、親鸞《しんらん》の晩年に起こった重大な事件を背景にして発せられた言葉である。親鸞が飄然《ひょうぜん》として京都へ帰って以来、東国の弟子たちは、いくつかの派閥に分かれて、さまざまな異端邪説が起こった。

この異議を正すために親鸞は、わが子善鸞《ぜんらん》を東国に送ったが、この派遣は事態をいっそう紛糾に陥れた。というのは、善鸞が東国に根強いあやしげな祈禱《きとう》宗教と妥協し、「親鸞が東国で伝えた念仏の教えは誤りであり、自分は親から秘密に伝えられた往生の方法を知っている」と言ったからである。

どうして善鸞がそのように明らかに父親に背き、父親を裏切る行動に出たのかはよくわからないが、この善鸞の行動は東国の門弟たちに大きな動揺を与え、長い間、親鸞が培った東国の念仏信仰を一挙に無にする危険を伴わざるをえなかった。

東国の親鸞の弟子たちは、自分たちが親しく親鸞から学んだ信仰は正しいものであると信じていたものの、ほかならぬ親鸞の息子・善鸞の言うことであるから、あるいは善鸞の言うように親鸞が秘密の法門を隠していたのではないかと疑わしく思ってはるばる上京したわけである。

親鸞の手紙を見ると、親鸞ははじめこの事態がよく呑《の》み込めなかったらしい。だが、それが善鸞のせいと知り、ついに善鸞を義絶するのである。この前後、親鸞がしきりに聖徳太子について言及していることから、彼の心が再び太子にとらわれていたことがわかる。

聖徳太子は私が『隠された十字架』などで論じたように、中世においてはその偉大な予言能力によって尊敬されると同時に、子孫を絶滅させたという運命に対して、同情がそそがれているのであり、吉田兼好の『徒然草《つれづれぐさ》』には聖徳太子自身の言葉として「子孫はあらせじと思うなり」という言葉が出てくるのである。

親鸞が再び、聖徳太子に強い関心を抱いたのは、子孫に対する煩悩《ぼんのう》にとらわれながら、しかも子孫の絶滅を諦観《ていかん》せざるをえなかった太子の運命を、自己自身の運命として痛切に感じたからであろう。

東国の親鸞の弟子たちが十余カ国の境を越え、揃《そろ》って京都の親鸞のところへやって来た。彼らは親鸞をなじろうとしているのである。

長い間の自分たちへの親鸞の教えが正しいのか、それとも彼は息子・善鸞に密《ひそ》かに別の秘法を教えており、その〝秘法〟のほうの息子・善鸞の説いた教えが正しいのかと、親鸞に命をかけて問いただそうとしているのである。一歩答えを誤れば、教団は崩壊の危機に臨むこととなるはずだ。息せき切って東国からやって来て親鸞に詰問しようとする、そうした東国の弟子たちに対し、親鸞は見事な答えを与えたのであった。

自分がかつて弟子たちに教えた、念仏をして極楽に往生するとする道以外の道を自分は知らない。もしそれ以外の極楽往生の道が知りたかったのなら、南都《なんと》や北嶺《ほくれい》に立派な学者たちがたくさんいらっしゃるから、その人たちに会ってお聞きなさるがよろしい。私はただ、念仏をして阿弥陀に助けられるという法然の教えを信じているだけだ。

「念仏は、まことに浄土にむまるゝたねにてやはんべらん、また地獄におつべき業にてやはんべるらん。惣じてもて存知せざるなり。たとひ法然聖人にすかされまひらせて、念仏して地獄におちたりとも、さらに後悔すべからず」という言葉は、誠に激烈な言葉である。

親鸞自身が、念仏をすれば浄土に生まれると確信をもって説いたのではないか。それを、念仏しても浄土に生まれるか、地獄に落ちるか、よく知らないというのである。ただ、自分は法然聖人の言葉を信じて念仏をするだけであって、たとえ法然聖人にだまされて念仏して地獄に落ちても後悔はないと、決然として言うのである。信仰の開き直りとでも言うべきか、おそらくは、これはめったに聞けない信仰の言葉であろう。

親鸞は、もしも自分がほかの念仏以外の行を積んで仏になることのできるような身でありながら、しかも念仏して地獄に落ちたのであるならば、その場合は法然聖人にだまされたという後悔もあろうが、そうではなく、どうせ「いずれの行」もできない自分なので、地獄へ行くより仕方がない。本来地獄の住民である自分が法然聖人を信じて地獄へ行っても、それは法然聖人にだまされたということにならない、と言うのであろう。

なにゆえ親鸞は素晴らしいか

私は大学時代にひどく悩むことがあった時期、この一文を読んで素晴らしいと思った。地獄は一定《いちじょう》のすみか、私も当時ニヒリズムの地獄に悩んでいたが、親鸞のこの文章を読んで心慰められた。

しかし、よく読むとこの言葉は、彼自身の人生のことを述べているのだ。彼は実際、法然聖人にだまされて地獄に落ちたのだ。法然によって教えられた念仏信仰、そして肉食妻帯《にくじきさいたい》、そしてその結果としての流罪《るざい》、それは、彼にとって地獄ではなかったか。親鸞は法然にだまされて地獄に落ちた。しかしそれを、彼は決して後悔しないというのである。どうせ自分はこの世においても地獄の住人、そしてまたあの世においても地獄へ行くより仕方のない人間なのだ。

このように、自分を救いようのない人間と見定めながら、彼は、信仰の核心を実に強烈に語るのである。

『大無量寿経《だいむりようじゆきよう》』に書かれている阿弥陀如来の「第十八願」がまことならば、釈迦の説教も間違っていない。釈迦の説教がまことであるならば、善導の注釈も嘘《うそ》ではない。善導の注釈が嘘ではなかったら、法然の言うことも間違いではない。法然が言うことがまことであるならば、親鸞の言う言葉も決して空しくはない――というわけである。

阿弥陀、釈迦、善導、法然と伝えられてきた仏法にかけて、親鸞の言うことは間違っていないのだと、大きな疑いを持って東国からはるばる都にやって来た弟子たちに対し、親鸞は断言するのである。そして、断言したのちに、自分が言う意味での「念仏」を信ずるのも信じないのもあなた方の自由ですよ、と信仰を弟子たちの自由にまかせるのである。

私は、この文章のなまなましさから見て唯円《ゆいえん》はその場に居合わせたに違いない、と思う。ただし私は、かつては多くの論者と共に、十余カ国の境を越えて身命を顧みずやって来た弟子の中に唯円もいたのではないかと考えてきた。おそらく唯円はそのときに初めて親鸞に会ったのではないか、と。

しかし考えてみると、そのときに初めて会ったにしては、唯円の『歎異抄《たんにしょう》』は親鸞についてあまりにもよく知りすぎている気がする。これは、親鸞の近くにいて何年か生活を共にした人でないと書けない文章であるように思われてきた。それは懐奘《えじょう》の道元に対する、あるいはエッケルマンのゲーテに対するような、ごく親密な師弟の関係を必要とするように思われるのである。

そして、この文章をよく読んでみると、関東の弟子たちを実に冷たく見ているようなところがあるのだ。唯円は関東から来た弟子たちの側にいたのではなく、親鸞の側にいて、親鸞がどういう答えをするかとハラハラしながら見ていたのではないか。そして、師の態度の堂々としたところや、その答えの見事さに唯円は、改めて親鸞に対する尊敬の意を新たにし、その親鸞の言葉を長く記憶していたのではないだろうか。

そして唯円は、善鸞事件の後、関東からはるばる問いただしに来た弟子たちとともに関東に下り、常陸《ひたち》の河和田で親鸞と東国の弟子たちの連絡の役割をしたのではないか。そんなふうに思われてならないのである。

いずれにしても、この第二条のくだりは、まさに信仰の修羅場とでもいうべき場面における親鸞という宗教家の堂々たる言行を語ってあますところのないものである。私は、この一文だけでも『歎異抄』は不朽であると思うのだ。

「弥陀の本願」と「宿業」

第十三条――

《弥陀の本願不思議におはしませばとて悪をおそれざるは、また本願ぼこりとて往生かなふべからずといふこと。この条、本願をうたがふ、善悪《ぜんまく》の宿業をこゝろえざるなり。よきこゝろのおこるも宿善のもよほすゆへなり、悪事のおもはれせらるゝも悪業のはからふゆへなり。故聖人のおほせには卯毛《うもう》・羊毛のさきにいるちりばかりも、つくるつみの宿業にあらずといふことなしとしるべしとさふらひき。

またあるとき、唯円房はわがいふことをば信ずるかと、おほせのさふらひしあひだ、さんさふらうとまふしさふらひしかば、さらばいはんことたがふまじきかと、かさねておほせのさふらひしあひだ、つゝしんで領状まふしてさふらひしかば、たとへばひと千人ころしてんや、しからば往生は一定すべしとおほせさふらひしとき、おほせにてはさふらへども、一人もこの身の器量にてはころしつべしともおぼへずさふらうとまふしてさふらひしかば、さてはいかに親鸞がいふことをたがふまじきとはいふぞと。これにてしるべし、なにごともこゝろにまかせたることならば、往生のために千人ころせといはんに、すなはちころすべし。しかれども一人にてもかなひぬべき業縁なきによりて害せざるなり。わがこゝろのよくてころさぬにはあらず、また害せじとおもふとも百人・千人をころすこともあるべしとおほせのさふらひしかば、われらがこゝろのよきをばよしとおもひ、あしきことをばあしとおもひて、願の不思議にてたすけたまふといふことをしらざることをおほせのさふらひしなり。そのかみ邪見におちたるひとあて、悪をつくりたるものをたすけんといふ願にてましませばとて、わざとこのみて悪をつくりて往生の業とすべきよしをいひて、やう〳〵にあしざまなることのきこへさふらひしとき、御消息に、くすりあればとて毒をこのむべからずとあそばされてさふらふは、かの邪執をやめんがためなり。またく悪は往生のさはりたるべしとにはあらず。持戒・持律にてのみ本願を信ずべくば、われらいかでか生死をはなるべきやと。かゝるあさましき身も、本願にあひたてまつりてこそ、げにほこられさふらへ。さればとて、身にそなへざらん悪業は、よもつくられさふらはじものを、またうみ・かわに、あみをひき、つりをして世をわたるものも、野やまにしゝをかり、とりをとりて、いのちをつぐともがらも、あきなゐをし、田畠をつくりてすぐるひとも、たゞおなじことなりと。さるべき業縁のもよほさば、いかなるふるまひもすべしとこそ、聖人はおほせさふらひしに、当時は後世者ぶりして、よからんものばかり念仏まふすべきやうに、あるひは道場にはりぶみをして、なむ〳〵のことしたらんものをば道場へいるべからずなんどゝいふこと、ひとへに賢善精進の相をほかにしめして、うちには虚仮《こけ》をいだけるものか。願にほこりてつくらんつみも宿業のもよほすゆへなり。さればよきこともあしきことも業報にさしまかせて、ひとへに本願をたのみまひらすればこそ、他力にてはさふらへ。『唯《ゆい》信抄《しんしょう》』にも、「弥陀いかばかりのちからましますとしりてか、罪業のみなればすくはれがたしとおもふべき」とさふらうぞかし。本願にほこるこゝろのあらんにつけてこそ、他力をたのむ信心も決定しぬべきことにてさふらへ。おほよそ悪業煩悩を断じつくしてのち本願を信ぜんのみぞ、願にほこるおもひもなくてよかるべきに、煩悩を断じなば、すなはち仏《ぶつ》になり、仏のためには五劫思惟《ごこうしゆい》の願、その詮なくやましまさん。本願ぼこりといましめらるゝひとぐゝも、煩悩不浄具足せられてこそさふらうげなれ、それは願ほこらるゝにあらずや。いかなる悪を本願ぼこりといふ、いかなる悪かほこらぬにてさふらうべきぞや。かへりてこゝろをさなきことか》

「訳　阿弥陀さまの本願が不思議きわまるものであり、どのような悪人をも救ってくださると申しましても、悪をおそれないのは本願ぼこりといって往生することができないということ、このことは、本願を疑い、善悪が、人間がおのれの過去に持っている暗い業によって左右されているのを理解しない見解であります。

わが心にたまたまよい心が起こるのは、遠い遠い過去からの積もり積もった業《ごう》の働きでありますし、また、悪いことをしたいと思うのも、やはり前世からの業ゆえでありましょう。故親鸞聖人の仰《おお》せには、ウサギの毛や羊の毛の先についている塵《ちり》のような目に見えるか見えないような小さな罪でも、前世からの因縁によらないものはないと知るべきであるとおっしゃいました。また、あるとき聖人が、『唯円房よ、おまえは私のいうことを信じるか』とおっしゃいましたので、『もちろんでございます』とお答え申し上げたところが、『そうか、それじゃ私のこれからいうことに決してそむかないか』と重ねて仰せられたので、つつしんでご承知いたしましたところ、『じゃ、どうか、人を千人殺してくれ。そうしたらおまえは必ず往生することができる』とおっしゃったのであります。そのとき私が、『聖人の仰せですが、私のような人間には、千人はおろか一人だって殺すことができるとは思いません』とお答えしたところ、『それではどうしてさきに、親鸞のいうことに決してそむかないといったのか』とおっしゃいました。そして、『これでおまえはわかるはずである。人間が心にまかせて善でも悪でもできるならば、往生のために千人殺せと私がいったら、おまえは直ちに千人殺すことができるはずである。しかしおまえが一人すら殺すことができないのは、おまえの中に、殺すべき因縁が備わっていないからである。自分の心がよくて殺さないのではない。また、殺すまいと思っても、百人も千人も殺すことさえあるであろう』とおっしゃいましたのは、われわれの心が、よいのをよいと思い、悪いのを悪いと思って、善悪の判断にとらわれて、本願の不思議さに助けたまわるということを知らないことを仰せられたのであります。

かつて親鸞聖人がご存命のころ、間違った念仏に陥った人があって、悪をつくった者を助けようとするのが阿弥陀さまの願いでありますからといって、わざと好んで悪をつくり、往生の原因とせよという旨のことをいって、いろいろと悪い風聞がございましたときに、親鸞聖人のお手紙に、『薬があるからといって毒を好んではいけない』とお書きになっていらっしゃるのは、かの間違った考え方をやめさせようとするためであります。全く悪は往生の障害になるというのではありません。戒律を保つことによってのみ本願を信ずることができるならば、われわれはどうして生死を離れることができましょうか。このような情けない身も、本願にあいたてまつって初めて救われるのであります。さればといって、身に備わっていない悪業は、自分でつくろうと思っても、決してつくられるものではないのであります。また、海や川に網を引き、釣りをして魚をとって世を渡る人々も、野や山に獣を追い、鳥を殺して命をつなぐ人々も、商いをしたり田畑を耕して生活をしている人々もみんな同じ人間であります。ふと何か暗い運命に左右されるとき、どんな悪業でも平気でするのが人間ではないかと、親鸞聖人もおっしゃいましたのに、現在では、悟りすました世捨て人のような格好をして、道徳的に善良である者ばかりが念仏すべきであるかのように、あるいは道場に張り紙をして、これこれのことをした者は道場へ入ってはならないなどということは、全く偽善のわざ、見かけは賢い人間、良い人間、真面目《まじめ》人間のような格好をし、その実、心の中にうそ偽りの心をいだいているものでありましょうか。

本願にほこって罪をつくると偽善者たちはいいますが、この罪もすべて暗い前世からの業のつくれるもの、だからすべての善悪を業にまかせて、ひたすら本願をたのむべきであるということこそ、他力の信仰であります。『唯信抄』にも『おまえは阿弥陀さまの力がいかほどと思って、自分のような罪深い者が救われないと思うのか』とあります。本願にほこる心があるにつけ、他力をたのむ信心も決定するというものであります。

もしも悪業煩悩をすっかりなくしてしまった後に本願を信じますならば、本願にほこる思いがなくてよいはずであるのに、煩悩をなくしてしまったら、その人はすっかり仏になってしまって、そういう仏のような人のためには、阿弥陀さまの五劫というあいだ考えられた他力本願の願いも、必要はなくなるわけでありま す。本願ぼこりと戒められる人々の心にも、煩悩や不浄が一ぱいに備わっているらしい様子であります。こんなに心汚い身で人々を批判するのは、やはり本願にほこっていられるからではありませんか。どのような悪を本願ぼこりというのでしょうか、どのような悪が本願ぼこりではないというのでしょうか。そういうふうに偽善者ぶって本願ぼこりを批判するのは、おのれの心の自省の足りぬ幼稚な考え方でありませんか」

「本願ぼこり」もまた救われる

この第十三条もすさまじい内容の章である。章の眼目は「本願ぼこり」の弁護である。阿弥陀如来の本願は罪悪深重の凡夫を救うのだというけれども、悪を恐れないのは「本願ぼこり」といって往生はできないという説があるが、それは間違っているというのである。

あの後鳥羽上皇による専修《せんじゅ》念仏の弾圧は、専修念仏の咎《とが》、法然の弟子たちが、邪淫《じゃいん》の罪をはじめさまざまな悪業を行ったという件によって起こったものであった。この弾圧の少し前、こういう非難に対して法然は自主規制的な『七箇条起請文』を書いて弟子たちに署名させた。しかし『七箇条起請文』にかかわらず弟子たちの悪は止まらず、ついにあの弾圧を招いたというわけである。

それで残された法然の弟子たちは、法然の教えを健全な道徳と妥協させる方向に改善しようとした。それが法然の正統な弟子と称する鎮西《ちんぜい》派や西山派の教えであった。しかし親鸞は違う。彼は悪事のゆえをもって越後に流罪になりながらも、なおかつ彼は常識道徳のいうところのいわゆる悪を悪と認めようとはせず、自ら「愚禿《ぐとく》親鸞」つまり非人親鸞、あるいは、ヤクザ親鸞と名乗ったのである。

親鸞の信仰はもともと善悪を超越したところにあった。常識的な善によって信仰を歪《ゆが》めるのは間違っている。しかし、おそらく一路、道徳化の方向へと進む専修念仏の風潮に従って、親鸞の弟子たちの中にも、教説の道徳化の方向が生じたのであろう。親鸞の曾孫《そうそん》である覚如《かくにょ》の子、存覚《ぞんかく》において、親鸞の教説はほぼ完全に常識道徳との妥協に達した、と私は思う。

唯円はこのような方向に対し、しきりに「否」を言うのである。もし親鸞の信仰を道徳化したならば、あのパラドックスに満ちた阿弥陀の本願の信仰は消えてしまうにちがいないからである。そういう警告として唯円は、かつて彼が親鸞と交わした対話を思い出すのである。この対話は先に述べた第九条の対話以上に奇妙な対話である。第三者が聞いたならば、たいへん誤解される恐れがあるであろうような対話ではないか。

こういう対話を親鸞と交わしうるということは、唯円がよほど親鸞と親しかったことを物語ると考えられるのである。文中には、あるとき親鸞が唯円に「私の言うことを信じるか」と言った、というのである。親鸞に対して強い敬愛の心を持っている唯円が、師のおっしゃることなら「何事も信じます」と答えたのは当然であろうが、そうすると親鸞は重ねて「私はいまから言うことに異議は唱えないだろうな」と念を押した。そこで唯円が「仰せのことに謹んで従います」と答えたところ、親鸞は次のようなとんでもないことを唯円に言ったというのである。唯円に「人を千人殺してくれ、そうすれば往生は間違いない」と。

この命令は決して聖者の命令ではない。むしろ殺人者の命令である。唯円はさすがに師のこの言葉にびっくりして、「いくら師の仰せでも私の身の器量ではとても一人たりとも殺すことができるとは思えません」と答えた。すると親鸞は、「さっき私の言うことに決して背きませんと言ったのに」と言ったというのだ。

親鸞はしかし、おそらく内心では唯円のこの「一人もこの身の器量にては殺すことができない」という答えを気に入ったであろう。たぶんこの言葉を唯円に言わせようと親鸞は、あえてあのような奇妙な問いを発したのであろう。

戦乱の中に見る人間の「業」

親鸞が言いたいのは、結局、こういうことであろう。

人間の善悪といっても、もともと善と悪とが人間に定まっているわけではない。

殺したいとは思っても、殺すことのできないような業縁を持っていれば一人も殺さないし、また殺したいと思わなくても何らかの業縁で百人、千人も殺すことがある。つまり善悪は初めから定まっているのではなくて、何らかの業縁によって悪を行ったり行わなかったりするだけであるというのである。

これは聖者にあるまじき言葉のように思われるけれど、この言葉が発せられた時代は戦乱の時代であったということに注意する必要があるだろう。

私は、旧仏教を否定し、その仏教に支えられた旧体制を一挙に否定する感のある毒をもった法然の思想がこともあろうに上皇や大臣の保護を得たのは、やはり、戦乱という時代のせいではないかと思うのである。

源平の動乱から鎌倉幕府の初めにかけて日本は、日本歴史においても珍しいほどの動乱の世を迎え、そこで日本人は、上から下まで頼るべきよすがを失った。地位も財産ももとより頼るに足らない。財産は一朝にして火に焼け、地位もまた政権の交代とともにめまぐるしく変転する。この現実世界の恐るべき変動の中で人々は、この世ならぬあの世、死んでからいく後世に期待をかけたのであろう。
そしてそのような時代に、口誦《こうしょう》念仏の易行《いぎょう》でもって誰もが極楽浄土に往生することを自信を持って説いた法然が、一躍、人気宗教家になったのは当然であると言える。しかも彼は、叡山きっての大秀才、という令名を持っていた人物なのである。

平和の世であれば問題にされなかったであろう法然の専修念仏の教えを、流行思想としたのは、おそらく戦乱であっただろう。

同様に前記の親鸞の激烈な言葉も、戦乱の語らせる言葉なのである。

この源平の戦乱の中で、人間は自分の意思を超えて互いに殺し合った。武士ばかりか農民も商人もまた、その戦乱の中では多くの悪を犯したにちがいないのである。悪行を犯さなかったら生きてはいけない、という時代であったにちがいないのだ。

私は若き日、実際に戦場に行って殺し合いはしなかったものの、空襲に遭ったり兵隊に入ったり、いささかの戦争体験を持っている。人間というものは死の危険や空腹に追い詰められたとき、そんなに変わりはないのである。人間がかぶっている知性とか道徳性の仮面は、こういう状況の中ではがれて、むき出しの人間性があらわにされるのである。

親鸞もまた、そういう戦乱の中であらわにされた人間の業の深さをつぶさに見たにちがいない。善人といい悪人といっても、ほんの少しの違いである。しかるべき業縁があれば、人間はいかなる悪事でもするわけである。それを、自分だけが訳知りの賢人の顔をして、自分だけが極楽浄土に行けるなどと思っているのはとんでもないことだというのである。

ここの「賢善精進の相をほかにしめして、うちには虚仮をいだけるものか」という言葉は、『教行信証《きょうぎょうしんしょう》』にも『正像末和讃《しょうぞうまつわさん》』にもある言葉である。たとえば『正像末和讃』にはこういうものがある。

「外儀《うわべ》のすがたはひとごとに
賢善精進現ぜしむ
貪瞋邪偽《とんじんじゃぎ》おほきゆゑ
奸詐《かんさ》もゝはし身にみてり」

「悪性さらにやめがたし
こころは蛇蝎《だかつ》のごとくなり
修善も雑毒なるゆゑに
虚仮の行とぞなづけたる」

唯円は、ここでは偽善者よりも、むしろ露悪者の味方である。この思想は、親鸞の手紙などと比べてもやや過激すぎるようにさえ思われる。親鸞は偽善も露悪も共に戒めている。しかし唯円の場合その糾弾は、より多く偽善のほうに偏っているのである。

これをいったいどう見たらよかろうか。

この唯円の『歎異抄』が書かれたのは、覚如による真宗教団設立の前夜であった。既に真宗教団設立は必然の流れのように思われる。

歴史の必然に「否」を言う

親鸞の血縁を頼りに親鸞信仰の中心をつくり、ピラミッド型の支配体制を固める。宗教教団ばかりか、いやしくも、日本において組織というものが可能であるとすれば、組織は天皇制にならって、そのような組織をつくらざるをえない。つまり、組織はそこで体制に対する順応、宗教の道徳化という方向に行かざるをえないのである。

唯円はそのような方向は必然であることを十分知っていた。しかし、それは親鸞の教えではない。親鸞の教えに反するものである。彼が若き日に経験したあの強烈な信仰の体験からいって、そう断定せざるをえなかった。すなわち必然の歴史の流れに「否」を言う、そこに『歎異抄』の比類を見ない激しさがあるのではないかと私は思うのだ。

このような、いわば反歴史的な著作が歴史の中で消されるのは、きわめて当然の運命であったろう。

唯円のこの書のエッセンスはほとんど覚如の『口伝鈔《くでんしょう》』の材料とされ、三大伝授、つまり親鸞から孫の如信《にょしん》へ、その如信から覚如に浄土真宗の正系が伝わるという、本願寺支配の理論がそれによって形成されたのである。唯円のこの書と反対の方向に『歎異抄』は使われてしまったのである。とすれば、唯円の『歎異抄』は真宗内においては当然消されねばならない運命にあったと思う。したがってそれが長い間、本願寺の文庫の中に秘書として秘められていたのは当然であった。

後に第八世門主の蓮如《れんによ》がこの書物を見て、大いに驚き、思想的に大きな影響を与えられた。彼は、「右、この聖教は当流大事の聖教となすなり。宿善《しゆくぜん》の機なきにおいては左右なくこれを許すべからざるものなり」と書き記して、依然として秘書にしたわけである。この書が、浄土真宗の親鸞の精神を見事に語っているということを、敏感な彼は感じ取ったにちがいない。

しかし同時に、そこに存在する思想の危険性も、彼は十分に知っていた。だから「宿善の機なき」つまり仏縁のない者にはむやみに見せてはいけないというのである。しかし宿善などという思想が、果たして唯円あるいは親鸞にあるのであろうか。

『歎異抄』という強烈な毒を含んだこの素晴らしい宗教書は、八百年の眠りから目覚め、江戸末期に了祥によって復活され、清沢満之および彼の弟子たちによって日本の多くの人に知られるようになった。

しかし、この著書は彼らが考えるよりははるかに大きな毒を教団に対しても含んでいるのである。清沢満之を師とかつぐ東本願寺の改革運動とそのトラブルも、この本の毒のせいとも考えられる。あるいは蓮如の言うように、この本は危険な本であり、末長く本願寺の文庫の中に秘せられるべきものであったのかもしれない。

私は久しぶりで今度『歎異抄』を読み直したが、やはりそれは素晴らしい書物であった。この一書を持っていることによってだけでも日本の仏教は素晴らしいものであるとつくづく思ったのである。

（一章から五章は一九八七年八月号の雑誌『プレジデント』にのせたエッセイに手を加えたものです。なお『歎異抄』については講談社文庫の訳文を採用させていただきました。）

第六章

現代語訳『歎異抄』

序言

竊《ひそかに》 廻《めぐらして》二 愚案《ぐあんを》一 粗《ほゞ》勘《かんがうるに》二 古今《ここむ》一《を》、 歎《なげき》レ異《ことなることを》二 先師《せんしの》口伝《くでんの》之《の》真信《しんしん》一《に》、 思《おもふに》レ有《あることを》二 後学《こうがく》相続《さうぞく》之《の》疑惑《ぎわく》一、 幸《さひはひに》 不《ずば》レ依《よら》二 有縁《うゑん》知《のち》識《しきに》一者、 争《いかでか》 得《えん》レ入《いることを》二 易《ゐ》行《ぎやうの》 一門《ゐちもんに》一哉《や》。 全《またく》 以《もて》二 自見《じけん》之《の》覚語《かくごを》一、 莫《なかれ》レ乱《みだること》二 他《た》力《りき》之《の》宗旨《しゆしを》一。 仍《よて》故《こ》親鸞《しんらん》聖《しやう》人《にんの》 御物語《おんものがたりの》之趣《おもむき》、 所《ところ》レ留《とゞむる》二 耳底《みみのそこに》一、 聊《いさゝか》 注《しるす》レ之《これを》。 偏《ひとへに》 為《ため》レ散《さんぜんが》二 同心行《どうしむぎやう》 者《じや》之《の》不審《ふしんを》一 也《なり》 云《とうん》ゝ《ぬん》。

〈竊《ひそか》に愚案《ぐあん》を廻《めぐ》らして、粗《ほゞ》古今《ここむ》を勘《かんが》うるに、先師《せんし》の口伝《くでん》の真信《しんしん》に異《ことな》ることを歎《なげ》

序言

そっとおろかな私の考えをめぐらして、およそ親鸞聖人《しんらんしょうにん》が生きていらっしゃった昔と、おなくなりになったいまを比較してみると、いまは先師親鸞聖人が口ずからお伝えになった信仰と異なった教えがはびこっている。まことに歎《なげ》かわしいことであるが、それではあとに学ぶ者が聖人の教えを受け継いでいくのに、疑いや惑いを免れることができまい。

わが宗門は念仏易行《いぎょう》の一門であるが、易行の門といえども、前世の縁で結ばれた、すぐれた師匠の導きによらなかったなら、その門に入ることはできない。よくよく自分勝手に悟ったと思い上がり、

き、後学相続《こうがくさうぞく》の疑惑《ぎわく》有《あ》ることを思《おも》ふに、幸《さひはひ》に有縁《うゑん》の知識《ちしき》に依《よ》らずば、争《いかで》か易行《ゐぎやう》の一門《ゐちもん》に入《い》ることを得《え》ん哉《や》。全《まった》く自見《じけん》の覚語《かくご》を以《も》て他力《たりき》の宗旨《しゆし》を乱《みだ》ること莫《なか》れ。仍《よ》て、故親鸞聖人《こしんらんしやうにん》の御物語《おんものがたり》の趣《おもむき》、耳《みゝ》の底《そこ》に留《とど》むる所《ところ》、聊《いさゝか》之《これ》を注《しる》す。偏《ひとへ》に同《どう》心行者《しむぎやうじや》の不審《ふしん》を散《さん》ぜんが為也《ためなり》と云々《うんぬん》〕

正しい他力の宗旨を乱してはならない。

それゆえ、私の耳の底にいまでもありありと残っている、故親鸞聖人がお話のありさまの一端をここに書きとどめて、ただわれらと同じ心にて念仏される人々の不審を晴らしたいと思うのみである。

第一条

一。弥陀《みだ》の誓願《せいぐわん》不思議《ふしぎ》にたすけられまひらせて往生《わうじやう》をばとぐるなりと信《しん》じて、念仏《ねんぶつ》まふさんとおもひたつこゝろのおこるとき、すなはち摂取不捨《せつしゆふしや》の利益《りやく》にあづけしめたまふなり。弥陀《みだ》の本願《ほんぐわん》には、老少《らうせう》・善悪《ぜんまく》のひとをえらばれず、たゞ信心《しんじん》を要《えう》とすとしるべし。そのゆへは、罪悪深重《ざいあくじんぢゆう》、煩悩熾盛《ぼんなうしじやう》の衆生《しゆじやう》をたすけんがための願《ぐわん》にまします。しかれば本願《ほんぐわん》を信《しん》ぜんには、他《た》の善《ぜん》も要《えう》にあらず、念仏《ねんぶつ》にまさるべき善《ぜん》なきゆ

第一条

阿弥陀《あみだ》さまの不可思議きわまる願いにたすけられてきっと極楽往生することができると信じて、念仏したいという気がわれらの心に芽ばえ始めるとき、そのときすぐに、かの阿弥陀仏は、この罪深いわれらを、あの輝かしき無限の光の中におさめとり、しっかりとわれらを離さないのであります。そのとき以来、われらの心は信心の喜びでいっぱいになり、われらはそこから無限の信仰の利益を受けるのであります。

　阿弥陀さまの衆生《しゅじょう》救済の願いはすべて平等であり、老いたる人を若き人より、よき人を悪《あし》き人より優先的に救おうなど

へに。悪《あく》をもおそるべからず、弥陀《みだ》の本願《ほんぐわん》をさまたぐるほどの悪《あく》なきゆへにと云々《うんぬん》。

ということはありません。ただ信心が肝心なのです。信心さえすれば、どんな人でも阿弥陀さまは救ってくださるのです。というのは、阿弥陀さまの本来の願いは、この罪深く、心にさまざまな煩悩《ぼんのう》を抱くわれらのごとき衆生をたすけようとするためだからであります。それゆえ、この阿弥陀さまの本願を信ずるためには、他の善をなす必要は毛頭ありません。ただ念仏すればいいのです。念仏以上の善はほかにありませんから。また、あなたがかつてなしたであろう悪業《あくごう》や、いま現にこれからするであろう悪業をおそれる必要はありません。この阿弥陀さまの本願を妨げる以上の悪はありませんから。

第二条

一。おの〳〵十余《じふよ》ケ国《こく》のさかひをこえて、身命《しんめい》をかへりみずしてたづねきたらしめたまふ御《おん》こゝろざし、ひとへに往生《わうじやう》極楽《ごくらく》のみちをとひきかんがためなり。しかるに、念仏《ねんぶつ》よりほかに往生《わうじやう》のみちをも存知《ぞんぢ》し、また法文《ほふもん》等《とう》をもしりたるらんと、こゝろにくゝおぼしめしておはしましてはんべらんは、おほきなるあやまりなり。もししからば、南《なん》都《と》・北嶺《ほくれい》にもゆゝしき学生《がくしやう》たちは、おほく座《おは》せられてさふらうなれば、かの

第二条

皆さん方は、はるばる遠い関東の地から、十余カ国の国境を越えて、生命の危険を顧みず、この京都の地にわびずまいする私を訪ねて来られた。あなた方の志はどこにあるのか。ただ私から、極楽に往生する方法を聞き出そうとするためでありましょう。

ところが、残念なことには、私が念仏以外に何か別の極楽往生の方法を知っていて、またその方法が説かれている秘密な経典を知っていながら、わざとそれを隠しているので、その奥にあるものを知りたいとおっしゃってここまで訪ねて来られたとすれば、たいへんな間違いであ

ひとにもあひたてまつりて、往生《わうじやう》の要《えう》よく〳〵きかるべきなり。親鸞《しんらん》におきては、たゞ念仏《ねんぶつ》して弥陀《みだ》にたすけられまひらすべしと、よきひとのおほせをかふりて信《しん》ずるほかに、別《べつ》の子細《しさい》なきなり。念仏《ねんぶつ》は、まことに浄土《じやうど》にむまるゝたねにてやはんべらん、また地獄《ぢごく》におつべき業《ごふ》にてやはんべるらん。惣《そう》じてもて存知《ぞんぢ》せざるなり。たとひ法然聖人《ほふねんしやうにん》にすかされまひらせて、念仏《ねんぶつ》して地獄《ぢごく》におちたりとも、さらに後悔《こうくわい》すべからずさふらう。そのゆへは、自余《じよ》の行《ぎやう》もはげみて仏《ぶつ》になるべかりける身《み》が、念《ねん》

ります。もしそう思っていらっしゃるなら、奈良にある興福寺《こうふくじ》や、叡山にある延《えん》暦寺《りやくじ》をお訪ねなさるがよろしい。そこにはちゃんと学問をなされた偉い学者さんがどっさりいらっしゃいますから、その人たちにお会いになって、極楽往生の秘《ひ》訣《けつ》をよくよくお聞きなさるがよろしい。

私は、ただ念仏すれば、阿弥陀さまにたすけられて必ず極楽往生ができるという、あの法然聖人《ほうねんしょうにん》のおっしゃいましたお言葉を、ばか正直に信じている以外に、別の理由は何もないのであります。念仏をすれば、本当に極楽浄土に生まれる種をまくということになるのでしょうか。それとも、それはうそ偽りで、念仏すれ

仏《ぶつ》をまふして地獄《ぢごく》にもおちてさふらはゞこそ、すかされたてまつりてといふ後悔《こうくわい》もさふらはめ。いづれの行《ぎやう》もおよびがたき身《み》なれば、とても地獄《ぢごく》は一《いち》定《ぢやう》すみかぞかし。弥陀《みだ》の本願《ほんぐわん》まことにおはしまさば、釈尊《しやくそん》の説教《せつけう》虚言《きよごん》なるべからず。仏説《ぶつせつ》まことにおはしまさば、善《ぜん》導《だう》の御釈《おんしやく》虚言《きよごん》したまふべからず。善導《ぜんだう》の御釈《おんしやく》まことならば、法然《ほふねん》のおほせそらごとならんや。法然《ほふねん》のおほせまことならば、親鸞《しんらん》がまふすむね、またもてむなしかるべからずさふらう歟《か》。詮《せん》ずるところ、愚身《ぐしん》の信心《しんじん》におきてはかく

ばかえって地獄におちるという結果になるのでしょうか。残念ながらそういうことは私はとんと知ってはいないのであります。

　たとえ法然聖人がおっしゃったことがでたらめであり、私は法然聖人にだまされて念仏をしたため地獄におちたとしても、ちっとも後悔いたしはしません。といいますのは、私が念仏以外の他の行を一生懸命勤めて、その結果仏になることができるような身でありながら、念仏をしたために地獄におちるというならば、法然聖人にだまされたという後悔も起こり得ましょう。しかし、私はそんな智恵《ちえ》も徳行もなく、念仏以外の他の行によっ

のごとし。このうへは、念仏《ねんぶつ》をとりて信《しん》じたてまつらんとも、またすてんとも、面〻《めんく》の御《おん》はからひなりと云〻《うんぬん》。

て仏になることなど期待できない身でありますから、念仏の行によらなかったら、永遠に地獄にいるより仕方がないのであります。

もしも阿弥陀さまの衆生救済の願いが真実であるとすれば、そのことをあの『三部経』という経典で説いたお釈迦《しゃか》さまの説法が間違っているはずはありません。もしもこのような『三部経』におけるお釈迦さまの説法が間違っていなかったならば、それを正しく解釈した善導大《ぜんどうだい》師《し》の注釈書が間違っているはずはありません。そして善導大師の注釈書が正しかったならば、その善導大師の注釈によって正しい念仏の教えを説かれた法然聖人

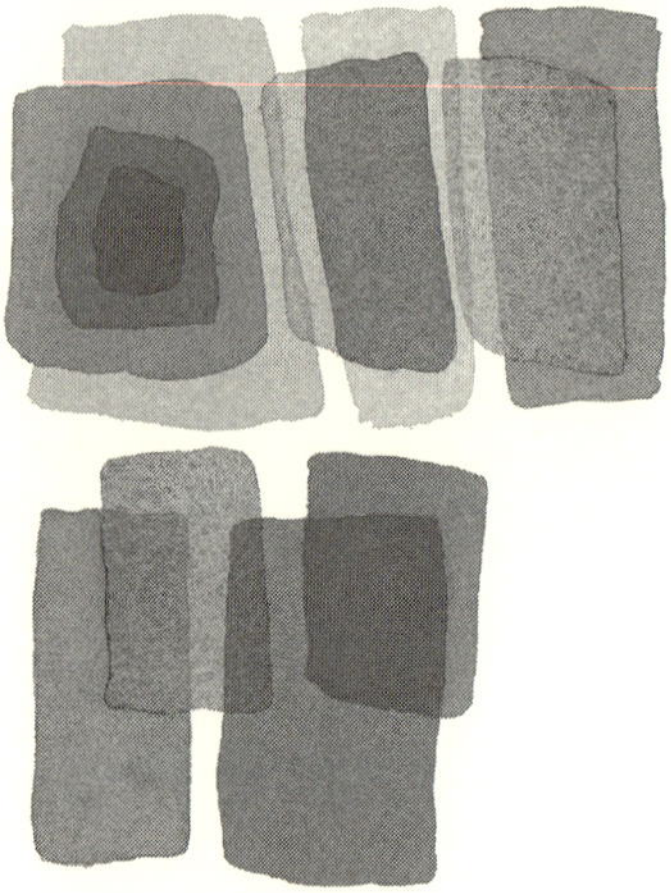

の言葉が偽りであるということがありましょうか。
もし法然聖人の教えが正しかったならば、私があなた方に申しました念仏往生の教えもどうして間違っていましょうか。私の信心はただそれだけ、そのほかには何もないのであります。
だから皆さん、以上の私の言葉をとっくりお考えの上、念仏を信じなさるもよろしいし、念仏を捨てなさるのもよろしい。自分でおきめになることであります。

第三条

一。善人《ぜんにん》なをもて往生《わうじやう》をとぐ、いはんや悪人《あくにん》をや。しかるを、世《よ》のひとつねにいはく、悪人《あくにん》なを往生《わうじやう》す、いかにいはんや善人《ぜんにん》をや。この条一旦《でういつたん》そのいはれあるににたれども、本願他力《ほんぐわんたりき》の意趣《いしゆ》にそむけり。そのゆへは、自力作善《じりきさぜん》のひとは、ひとへに他力《たりき》をたのむこゝろかけたるあひだ、弥陀《みだ》の本願《ほんぐわん》にあらず。しかれども、自力《じりき》のこゝろをひるがへして、他力《たりき》をたのみたてまつれば、真実報土《しんじつはうど》の往生《わうじやう》をとぐるなり。煩悩具《ぼんなうぐ》

第三条

善人ですら極楽浄土へ行くことができる、まして悪人は、極楽浄土へ行くのは当然ではないか、私はそう思いますが、世間の人は常にその反対のことをいいます。悪人ですら極楽へ行くことができる、まして善人は、極楽へ行くのは当然ではないかと。

世間の人のいうほうが一応理屈が通っているように見えますが、この説は、本願他力の教えの趣旨に反しています。と申しますのは、みずから善を励み、自分のつくった善によって極楽往生しようとする人は、おのれの善に誇って、阿弥陀さまにひらすらおすがりしようとする心

足《そく》のわれらは、いづれの行《ぎやう》にても生死《しやうじ》をはなるゝことあるべからざるを、あはれみたまひて願《ぐわん》をおこしたまふ本意《ほんい》、悪人成仏《あくにんじやうぶつ》のためなれば、他力《たりき》をたのみたてまつる悪人《あくにん》、もとも往生《わうじやう》の正因《しやういん》なり。よて善人《ぜんにん》だにこそ往生《わうじやう》すれ、まして悪人《あくにん》はと、おほせさふらひき。

が欠けていますので、そういう自力の心がある間は、自力の心を捨ててただ阿弥陀さまの名を呼べば救ってやろうとおっしゃった、阿弥陀さまの救済の本来の対象ではないのであります。

しかし、そういう人といえども、自力の心を改めて、もっぱら他力、すなわち阿弥陀さまのお力におすがりすれば、正真正銘の極楽浄土へ行くことができます。ところが、われらのごとき心の中にさまざまなどす黒い欲望をいっぱい持つ者が、どういう行によってもこの苦悩の世界を逃れることができないでいるのを阿弥陀さまはあわれんで、あの不可思議な願いを起こされたわけですから、もともと阿

弥陀さまの願いを起こされるほんとうの意思は、この悪人を成仏《じょうぶつ》させようとするためでありましょうから、自分の中に何らの善も見出さない、ひらすら他力をおたのみするわれらのごとき悪人のほうが、かえってこの救済にあずかるのに最もふさわしい人間なのであります。

　だから、善人ですら極楽へ行くことができる、まして悪人は極楽へ行くのは当然ではないかと、なくなった法然聖人が仰せられたのも、深い理由があってのことであります。

第四条

一。慈悲《じひ》に聖道《しやうだう》・浄土《じやうど》のかはりめあり。聖道《しやうだう》の慈悲《じひ》といふは、ものをあはれみ、かなしみ、はぐゝむなり。しかれども、おもふがごとくたすけとぐること、きはめてありがたし。浄土《じやうど》の慈《じ》悲《ひ》といふは、念仏《ねんぶつ》していそぎ仏《ぶつ》になりて、大慈大悲心《だいじだいひしん》をもて、おもふがごとく衆生《しゆじやう》を利益《りやく》するをいふべきなり。今《こん》生《じやう》に、いかにいとをし不便《ふびん》とおもふとも、存知《ぞんぢ》のごとくたすけがたければ、この慈悲始終《じひしじゆう》なし。しかれば念仏《ねんぶつ》まふす

第四条

仏教には聖道門《しようどうもん》と浄土門の違いはありますが、仏教の根本である慈悲についても、聖道門と浄土門には違いがあります。

聖道門の慈悲といいますのは、われわれが他の生きとし生けるものをかわいがり、その生けるものをいとおしく思い、それを育てようとする慈悲であります。しかし、われら無力な人間の世界にありましては、われらの思うがままに、徹頭徹尾他の生けるものをたすけることはきわめて困難なことであります。

逆に浄土門の慈悲といいますのは、念仏をして早く仏さまになって、仏の持っている大きなる愛の心、大いなるあわれ

のみぞ、すえとをりたる大慈悲心《だいじひしん》にてさふらうべきと云々《うんぬん》。

みの心でもって、思うように生きとし生けるものを救いとり、生きとし生けるものに利益を与えることをいうのでありましょう。

この世の中でわれらがどんなに他の生けるものをいとおしい、かわいそうだと思っても、われわれの思いどおり、いとおしいものを救うことができませんので、そういう慈悲は結局首尾一貫しない慈悲であります。だから、この世のことは業にまかせて、ひたすら念仏するのが、首尾一貫した大きな慈悲でありましょう。

第五条

一。親鸞《しんらん》は、父母《ぶも》の孝養《かうやう》のためとて、一返《いつぺん》にても念仏《ねんぶつ》まふしたることいまださふらはず。そのゆへは、一切《いつさい》の有情《うじやう》はみなもて世々《せゝ》生々《しやう〳〵》の父母《ぶも》兄弟《きやうだい》なり、いづれも〳〵この順次生《じゆんじしやう》に仏《ぶつ》になりてたすけさふらうべきなり。わがちからにてはげむ善《ぜん》にてもさふらはゞこそ、念仏《ねんぶつ》を廻向《ゑかう》して父母《ぶも》をもたすけさふらはめ。たゞ自力《じりき》をすてゝ、いそぎさとりをひらきなば、六道《ろくだう》・四生《ししやう》のあひだ、いづれの業苦《ごふく》にしづめりとも、

第五条

親鸞は、なくなった父母の追善供養のためだといって念仏をしたことは一度もございません。といいますのは、すべての生きものは、因果の理によって、一たん死んでも、また別の形で生まれかわってくるものでありますから、長い長い前世においては、すべての生きとし生けるものは、いつかはわが父母であり、わが兄弟であったことは必ずあると思われるのです。それゆえ、われらが死んで極楽浄土へ行き、仏になったとき、今生《こんじよう》のわが父母、わが兄弟ばかりではなく、すべての生きとし生けるものをたすけなければならないと思うのです。また、一生懸

神通方便《じんづうほうべん》をもて、まづ有縁《うえん》を度《ど》すべきなりと云〻《うんぬん》。

命自分で努力して積み上げる善行でしたら、その善行を回して、念仏の功徳《くどく》で、六道をさまよっている父母を救い出そうとすることもできましょう。しかし、念仏の行はそういう自力の行ではないので、そういうこともできません。私はひたすら自力を捨てて急いで極楽浄土へ行き、仏になりたいと思っているのであります。もし仏になりましたならば、わが父母や兄弟たちがたとえどのような世界でどのような生物の形をとって生き、前世からの縁によってどのような深い苦しみに沈んでいても、不思議なる力によってまず自分に最も縁の深い父母から救い出すことができると思っているのであります。

第六条

一。専修念仏《せんじゅねんぶつ》のともがらの、わが弟子《でし》ひとの弟子《でし》といふ相論《さふろん》のさふらうらんこと、もてのほかの子細《しさい》なり。親鸞《しんらん》は弟子一人《でしいちにん》ももたずさふらう。そのゆへは、わがはからひにて、ひとに念仏《ねんぶつ》をまふさせさふらはゞこそ、弟子《でし》にてもさふらはめ、弥陀《みだ》の御《おん》もよほしにあづかて念仏《ねんぶつ》まふしさふらうひとを、わが弟子《でし》とまふすこと、きはめたる荒涼《くわうりやう》のことなり。つくべき縁《えん》あればともなひ、はなるべき縁《えん》あればはなるゝこと

第六条

もっぱら他力の念仏を行なっている仲間の中で、あいつはおれの弟子だ、おまえの弟子だとかいって弟子の取り合いしてけんか口論することがあるということですが、とんでもないことです。私は弟子を一人も持っていません。と申しますのは、私自身のはからいで他人に念仏をさせましたならば、その人は私の弟子ということができましょう。

しかし、実際はそうではなく、その人は阿弥陀さまの光明に照らされ、阿弥陀さまのおかげで念仏を申しているわけですのに、そういう人を自分の弟子だと申しますのは、全く心が寒々とする思いで

のあるをも、師《し》をそむきてひとにつれて念仏《ねんぶつ》すれば、往生《わうじやう》すべからざるものなりなんどいふこと、不可説《ふかせつ》なり。如来《によらい》よりたまはりたる信心《しんじん》をわがものがほにとりかへさんとまふすにや。かへすぐ〵も、あるべからざることなり。自然《じねん》のことはりにあひかなはゞ、仏恩《ぶつおん》をもしり、また師《し》の恩《おん》をもしるべきなりと云々《うんぬん》。

あります。師弟の間といえども、前世からの因縁によって定まっている運命、つくべき運命があれば弟子は師につき、離れるべき運命になれば弟子は師から離れるものでありますのに、師にそむいて別の人について念仏をしたら極楽往生することができないなどというのは、どうにも理解できないことであります。

もともと信心は阿弥陀さまから賜ったはずなのに、師は、弟子が阿弥陀さまから賜った信心を、あたかも自分のものであるかのように自分のもとへ取り返そうと思って、そんなことをいうのでしょうか。とんでもない話で、決してあってはならないことであります。

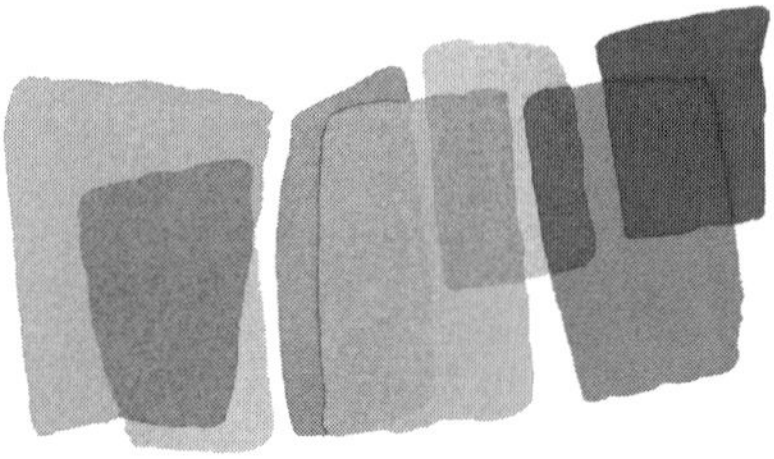

阿弥陀さまのおはからいにおまかせして、自然の理に従って生きていますのならば、去っていった弟子たちも、いつかは仏さまの大きな恩を知り、また師の恩を知るときもありましょう。

第七条

一。念仏《ねんぶつ》者は無礙《むげ》の一道《いちだう》なり。そのいはれいかんとならば、信心《しんじん》の行者《ぎやうじや》には、天神《てんじん》・地祇《ちぎ》も敬伏《きやうぷく》し、魔界《まかい》・外道《げだう》も障礙《しやうげ》することなし。罪悪業報《ざいあくごふはう》を感《かん》ずることあたはず、諸善《しよぜん》もおよぶことなきゆへなりと云ゝ《うんぬん》。

第七条

念仏というのは、いかなる障害によっても妨げられない自由の境地に遊ぶことであります。その理由を申しますならば、信心が固い念仏の行者には、天の神、地の神もおそれ従い、いかなる魔物、悪者といえども念仏を妨げることができず、また、いかに深い前世からの業の報いも、念仏の行者に及ぶことはなく、いかなる善といえども、この念仏の善にとうてい及びませんので、念仏は、何ものにも妨げられない自由な境地にいるということができるのであります。

第八条

一。念仏《ねんぶつ》は行者《ぎやうじや》のために非行《ひぎやう》・非善《ひぜん》なり。わがはからひにて行《ぎやう》ずるにあらざれば非行《ひぎやう》といふ、わがはからひにてつくる善《ぜん》にもあらざれば非善《ひぜん》といふ。ひとへに他力《たりき》にして自力《じりき》をはなれたるゆへに、行者《ぎやうじや》のためには非行《ひぎやう》・非善《ひぜん》なりと云《うん》ゝ《ぬん》。

第八条

念仏は、これを唱える行者のためには、善でもなく行でもないのであります。行というのは、自分の力ですることですが、念仏は自分のはからいではなく、阿弥陀さまのお召しによってさせられるのですから、行ではないというのです。

また、善というのは、自分の力ですることに関していうのですが、念仏は自分のはからいではなく、阿弥陀さまからさせられるのでありますから、善ではないというわけです。

すべてが阿弥陀さまのほうからの働きかけでされることであります。自力を離れていますので、念仏は行者にとっても

全く行でもなく善でもない、非行・非善であります。

第九条

一。念仏《ねんぶつ》まふしさふらへども、踊躍《ゆやく》歓喜《くわんぎ》のこゝろおろそかにさふらふこと、またいそぎ浄土《じやうど》へまひりたきこゝろのさふらはぬは、いかにとさふらふべきことにてさふらふやらんと、まふしいれてさふらひしかば、親鸞《しんらん》もこの不審《ふしん》ありつるに、唯円房《ゆゐゑんばう》おなじこゝろにてありけり。よく〳〵案《あん》じみれば、天《てん》におどり地《ち》におどるほどによろこぶべきことを、よろこばぬにて、いよ〳〵往《わう》生《じやう》は一定《いちぢやう》おもひたまふなり。よろこぶ

第九条

「念仏を申していましても、どうしたわけでしょうか、念仏すれば自然に生ずるといわれる、踊りたくなるような、とびはねたくなるような強い喜びの心がちっともわいてきません。また、楽しいはずの極楽浄土に早く行こうとする気もさっぱりございません。これは一体全体どうしたことでございましょうか」と、私が親鸞聖人におそるおそるお尋ねしたところ、親鸞聖人は、「実をいえば私も、自分の心にそういう疑問を感じていた。唯《ゆい》円房《えんぼう》も同じ心であったか」といわれて、次のようにお答えになりました。

あなたの第一の疑問ですが、よくよく

べきこゝろをおさへて、よろこばざるは煩悩《ぼんなう》の所為《しよゐ》なり。しかるに、仏《ぶつ》かねてしろしめして、煩悩具足《ぼんなうぐそく》の凡夫《ぼんぶ》とおほせられたることなれば、他力《たりき》の非願《ひぐわん》は、かくのごとし。われらがためなりけりとしられて、いよ〳〵たのもしくおぼゆるなり。また浄土《じやうど》へいそぎまひりたきこゝろのなくて、いさゝか所労《しよらう》のこともあれば、死《し》なんずるやらんとこゝろぼそくおぼゆることも、煩悩《ぼんなう》の所為《しよゐ》なり。久遠劫《くをんごふ》よりいまゝで流転《るてん》せる苦悩《くなう》の旧里《きうり》はすてがたく、いまだむまれざる安養浄土《あんやうじやうど》はこひしからずさふ

考えてみますと、本来念仏すれば、天に踊り地に踊りたくなるような喜びを感じるはずなのですが、われらはそれを一向喜ばない。しかし、喜ばないから、かえってわれらの極楽往生は間違いないと思わなければならないのです。喜ぶべきことを喜ばないようにさせるのは煩悩のせいであります。

　しかるに仏さまは、初めからそのようなわれらの心にある煩悩をすっかりお見通しの上で、煩悩具足の凡夫とおっしゃって、この凡夫救済の願を立てられたわけでありますから、この他力の悲願はわれらのごとき凡夫のためであるということがわかりまして、一そう仏さまの救い

らふこと、まことによく〳〵煩《ぼん》悩《なう》の興《こう》盛《じやう》にさふらうにこそ。なごりおしくおもへども、娑《しや》婆《ば》の縁《えん》つきて、ちからなくしておはるときに、かの土《ど》へはまひるべきなり。いそぎまひりたきこゝろなきものを、ことにあはれみたまふなり。これにつけてこそ、いよ〳〵大《だい》悲《ひ》大《だい》願《ぐわん》はたのもしく、往《わう》生《じやう》は決《けつ》定《ぢやう》と存《ぞん》じさふらへ。踊《ゆ》躍《やく》歓《くわん》喜《ぎ》のこゝろもあり、いそぎ浄土《じやうど》へもまひりたくさふらはんには、煩《ぼん》悩《なう》のなきやらんとあしくさふらひなましと云々《うんぬん》。

が頼もしく思われるのです。

　また、早く浄土へ行こうという心がなく、ちょっと病気でもすると死ぬのじゃないかと心細く思われることも煩悩のせいであります。遠い遠い昔から、生まれかわり死にかわりして流転してきた。

　この苦しみに満ちた故郷が捨てかねて、まだ生まれたことのない安らかな浄土を恋しく思わない。それも、われらの心にさまざまな煩悩がむらがり起こって盛んな証拠。この世に名残りは尽きないものの、この世の寿命が尽きて、どうしようもなく死んでしまわねばならぬときになって、やっとあの世へ行くのが凡夫の常であります。こういうふうに、いつまで

もこの世に恋々《れんれん》とした思いで、急いで浄土へ行こうとする心がない人間を、仏はとりわけかわいそうに思われるわけです。

　こういうことを考えるにつけても、いよいよ仏さまの大きな慈悲、大いなる願いが頼もしく思われ、われらはそういう凡夫ゆえ、極楽往生することは絶対に間違いないと思うのであります。もしも踊り上がり、飛び上がりたくなるような強い喜びが心にあったり、急いで浄土へ行きたいと思うような場合には、われらの心に煩悩がないのではないかと、かえって極楽往生のために都合が悪いと思われるのであります。

第十条

一。念仏《ねんぶつ》には無義《むぎ》をもて義《ぎ》とす、不《ふ》可称《かしよう》不《ふ》可説《かせつ》不《ふ》可思議《かしぎ》のゆへにとおほせさふらひき。そも〳〵かの御在生《ございしやう》のむかし、おなじくこゝろざしをして、あゆみを遼遠《れうゑん》の洛陽《らくやう》にはげまし、信《しん》をひとつにして、心《こころ》を当来《たうらい》の報土《はうど》にかけしともがらは、同時《どうじ》に御意趣《ごいしゆ》をうけたまはりしかども、そのひと〴〵にともなひて念仏《ねんぶつ》まふさるゝ老若《らうにやく》そのかずをしらずおはしますなかに、上人《しやうにん》のおほせにあらざる異義《いぎ》どもを、近来《ちかごろ》はおほく

第十条

念仏というものは、分別、悟性でもって理解し得ないところが、その正しい理解であります。なぜなら、念仏というものは行者のはからいではなく、阿弥陀仏によって与えられるものであり、そしてこの阿弥陀仏のはからいは、口でいうこともできず、言葉で説明することもできず、ただただ不思議きわまるものでありますから、念仏は人間の小ざかしい理性でもって理解できません、と親鸞聖人がおっしゃいました。

よくよく考えてみますと、かの親鸞聖人が生きておられた昔、厚い信心の心をもってはるばると遠い京洛《きょうらく》の地へ足を運

おほせられあふてさふらうよし、つたへうけたまはる、いはれなき条《でう》〻《ぐ》の子《し》細《さい》のこと。

び、親鸞聖人の教えを親しくお聞きし、信心を一つにして、希望の心を未来に行くべき真の極楽浄土につないだ人々は、私と同時にはっきりと親鸞聖人の教えの趣旨をお聞きしましたが、その人たちに従って念仏を申されている人々は、老いも若きもたいへん大ぜいいらっしゃいますが、その中には、かの聖人の仰せではない、異なった考えをおっしゃっていられる人も、近ごろは多くいらっしゃるとか、人づてに承ったので、それで私は、その異説が正しくない理由を次々と申し上げる次第であります。

第十一条

一。一文不通《いちもんふつう》のともがらの念仏《ねんぶつ》まふすにあふて、なんぢは誓願不思議《せいぐわんふしぎ》を信《しん》じて念仏《ねんぶつ》まふすか、また名号不思議《みやうがうふしぎ》を信《しん》ずるかといひおどろかして、ふたつの不思議《ふしぎ》を子細《しさい》をも分明《ぶんみやう》にいひひらかずして、ひとのこゝろをまどはすこと。この条《でう》かへすがへすもこゝろをとゞめておもひわくべきことなり。誓願《せいぐわん》の不思《ふし》議《ぎ》によりて、やすくたもちとなへやすき名号《みやうがう》を案《あん》じいだしたまひて、この名《みやう》字《じ》をとなへんものをむかへとらんと御《おん》

第十一条

無学な人々が一生懸命に念仏をしていますと、おまえは阿弥陀さまの誓願の不思議を信じて念仏をしているのか、名号の不思議を信じて念仏をしているのかと、びっくりするようなことをいって、二つの不思議がどういうものであるかをもはっきり説明せず、人の心をまどわす者がいます。これはよくよく考えて、その間違いを明瞭《めいりよう》に理解しておかなくてはなりません。

阿弥陀さまは、悪人救済という不思議な誓いを立てられ、そのために、誰でも覚えやすく唱えやすい「南無阿弥陀仏《なむあみだぶつ》」という名号を考え出されて、その名号を

約束《やくそく》あることなれば、まづ弥陀《みだ》の大悲《だいひ》大願《だいぐわん》の不思議《ふしぎ》にたすけられまひらせて生死《しやうじ》をいづべしと信《しん》じて、念仏《ねんぶつ》のまふさるゝも、如来《によらい》の御《おん》はからひなりとおもへば、すこしもみづからのはからひまじはらざるがゆへに、本願《ほんぐわん》に相応《さうおう》して実報土《じつはうど》に往生《わうじやう》するなり。これは誓願《せいぐわん》の不思議《ふしぎ》をむねと信《しん》じたてまつれば、名号《みやうがう》の不思議《ふしぎ》も具足《ぐそく》して、誓願《せいぐわん》・名号《みやうがう》の不思議《ふしぎ》ひとつにして、さらにことなることなきなり。つぎに、みづからのはからひをさしはさみて、善悪《ぜんまく》のふたつにつきて、往生《わうじやう》のたすけさはり二様《ふたやう》

唱える人を必ず極楽浄土に連れていこうと約束されたのであります。それゆえ、まず第一に阿弥陀さまの大いなる悲願の不思議に助けられて生死の境を出ることができるとかたく信じて、念仏が申されるのも全く如来のおかげと思い、少しも自力の心がないので、本願他力の趣旨にもかなって、本当の極楽浄土に往生することができます。つまり、もっぱら誓願の不思議を信じていますと、名号の不思議さも自然に備わって、念仏申されるのであります。このように、誓願と名号の不思議さは一つであって、決して異なっているものではありません。

　ところが、念仏の行をしながら自力の

におもふは、誓願《せいぐわん》の不思議《ふしぎ》をばたのまずして、わがこゝろに往生《わうじやう》の業《ごふ》をはげみてまふすところの念仏《ねんぶつ》をも自行《じぎやう》になすなり。このひとは名号《みやうがう》の不思議《ふしぎ》をもまた信《しん》ぜざるなり。信《しん》ぜざれども、辺《へん》地懈慢《ぢけまん》、疑城胎宮《ぎじやうたいぐう》にも往生《わうじやう》して果遂《くわすゐ》の願《ぐわん》のゆへにつゐに報土《はうど》に生《しやう》ずるは、名《みやう》号《がう》不思議《ふしぎ》のちからなり。これすなはち、誓願不思議《せいぐわんふしぎ》のゆへなれば、たゞひとつなるべし。

はからいを加える人があります。善をなせば往生の助けになり、悪をなせば往生のさわりになると思うのは、阿弥陀さまの誓願の不思議さを信ぜずして、自分の力で往生の原因をつとめてつくり出そうというもの。また、その唱える念仏も、自分の力でするわけであります。このような人は、名号の不思議もまた信じないのであります。

　しかし、信じなくても、このような人は、極楽のうちでなまけ者の行く辺鄙《へんぴ》な浄土や、疑い深い者の行く胎《はら》の中のような暗い浄土に往生して、そこでしばらくいて、こういう自力の人間すら、最後には真の極楽浄土へ往生を遂げさせてやろ

うとする阿弥陀さまの願いに従って、いつかは真実の極楽浄土に往生することができます。

　これは名号不思議のゆえであります。この名号不思議もまた、誓願不思議のゆえでありますから、この二つの不思議は本来一つのものであります。

第十二条

一。経釈《きやうしやく》をよみ学《がく》せざるともがら、往《わう》生不定《じやうふぢやう》のよしのこと。この条《でう》すこぶる不足言《ふそくごん》の義《ぎ》といひつべし。他力真実《たりきしんじつ》のむねをあかせるもろ〳〵の聖教《しやうげう》は、本《ほん》願《ぐわん》を信《しん》じ、念仏《ねんぶつ》をまふさば仏《ぶつ》になる、そのほかなにの学問《がくもん》かは往生《わうじやう》の要《えう》なるべきや。まことに、このことはりにまよへらんひとは、いかにも〳〵学問《がくもん》して本願《ほんぐわん》のむねをしるべきなり。経釈《きやうしやく》をよみ学《がく》すといへども、聖教《しやうげう》の本意《ほんい》をこゝろえざる条《でう》、もとも不便《ふびん》のことなり。一《いち》

第十二条

経典やその注釈を読んで勉強しない人々は往生することができるかどうかわからないということ、これは論ずる余地のない説であります。他力救済の真理を明らかにした多くの聖なる経文は、すべて本願を信じて念仏をすれば仏になることを明らかにしたものであって、そのほかにどういう学問が往生のために必要でありましょうか。

この真理を信ずることができずに迷っている人は、確かに学問をして、本願の真理を学問的に認識する必要がありましょう。しかし、どんなに経典やその注釈を読んで勉強したとしても、聖なる経文

文不通《もんふつう》にして、経釈《きやうしやく》のゆくぢもしらざらんひとの、となへやすからんための名号《みやうがう》のおはしますゆへに易行《いぎやう》といふ。学問《がくもん》をむねとするは聖道門《しやうだうもん》なり、難行《なんぎやう》となづく。あやまて学問《がくもん》して名聞《みやうもん》・利《り》養《やう》のおもひに住《ぢゆう》するひと、順次《じゆんじ》の往生《わうじやう》いかゞあらんずらんといふ証文《しようもん》もさふらうべきや。当時専修念仏《たうじせんじゆねんぶつ》のひと、聖《しやう》道門《だうもん》のひと、法論《ほふろん》をくはだてゝ、わが宗《しゆう》こそすぐれたれ、ひとの宗《しゆう》はおとりなりといふほどに、法敵《ほふてき》もいできたり、謗法《はうぼふ》もおこる。これしかしながら、みづからわが法《ほふ》を破謗《はばう》するにあらずや。

の本当の意味を理解し得ないのは、まことにかわいそうなことであります。

　学問もなく文字も読めなくて、経典やその注釈を全く知らない人が唱えやすいための名号《みようごう》でありますから、易行というのであり、学問を主とするのが聖道門であり、難行というのであります。間違って学問をして、名を出したい、金を儲《もう》けたいという思いの中で生きている人は、はたして次の世に極楽浄土に往生できるであろうか疑わしいという、親鸞聖人の書かれた証拠の文章もございます。

　このごろ専修《せんじゆ》念仏の人と聖道門の人とが仏法に関する論争を行なって、おれの宗派がすぐれているとか、おまえの宗派

たとひ諸門《しよもん》こぞりて、念仏《ねんぶつ》はかひなきひとのためなり、その宗《しゆう》あさしいやしといふとも、さらにあらそはずして、われらがごとく下根《げこん》の凡夫《ぼんぶ》、一文不通《いちもんふつう》のもの、信《しん》ずればたすかるよし、うけたまはりて信《しん》じさふらへば、さらに上根《じやうこん》のひとのためにはいやしくとも、われらがためには最上《さいじやう》の法《ほふ》にてまします。たとひ自余《じよ》の教法《けうぼふ》すぐれたりとも、みづからがためには器量《きりやう》およばざればつとめがたし。われもひとも生死《しやうじ》をはなれんことこそ諸仏《しよぶつ》の御本意《ごほんい》にておはしませば、御《おん》さまたげあるべからずとて、

は劣っているとか言い争っているうちに、法の敵や、法をそしる者も出てくるのであります。しかし、これは自分で自分の法を破り、そしることになるのではないでしょうか。

　たとえ他のすべての仏教の宗派が、念仏はつまらぬ人間のためであり、この宗派は浅薄で低級であるといっても、決してけんかはせず、私のような生まれつきいやしい凡夫、文字も読めず学問もなき者はこの法を信ずれば助かるということを聞いて信じているのですから、あなたのようなお偉い方にとってはいやしい教えでありましても、われわれのためには最上の法であります。たとえ他の教法が

にくひ気《げ》せずば、たれのひとかありて、あだをなすべきや。かつは諍論《じやうろん》のところにはもろ〱の煩悩《ぼんなう》おこる、智者遠離《ちしやをんり》すべきよしの証文《しようもん》さふらふにこそ。故聖人《こしやうにん》のおほせには、この法《ほふ》をば信《しん》ずる衆生《しゆじやう》もあり、そしる衆生《しゆじやう》もあるべしと、仏《ぶつ》ときおかせたまひたることなれば、われはすでに信《しん》じたてまつる。また、ひとありてそしるにて、仏説《ぶつせつ》まことなりけりと、しられさふらう。しかれば、往生《わうじやう》はいよ〱一定《いちぢやう》とおもひたまふなり。あやまてそしるひとのさふらはざらんにこそ、いかに信《しん》ずるひと

すぐれていたとしても、私の力が及びませんので、それをつとめることができません。私もあなたも生死を離れることが多くの仏さまの本意でございますので、あなたは私の信仰を妨げないでくださいと、にくたらしい様子もなくいったら、だれが一体われらに対して敵意を抱くであろうか。その上争論をしているうちに、自然にいろいろな煩悩が起こってきます。智恵ある者はそういう争論を遠ざけることがよいという証拠の文章がございます。

亡くなった親鸞聖人は次のようにおっしゃいました。この仏法を信ずる人もあり、悪口をいう人もあると釈尊はいわれた。私はすでに深くこの他力の仏法を信

はあれども、そしるひとのなきやらんともおぼへさふらひぬべけれ。かくまふせばとて、かならずひとにそしられんとにはあらず。仏《ぶつ》のかねて信謗《しんぼう》ともにあるべきむねをしろしめして、ひとのうたがひをあらせじと、ときおかせたまふことをまふすなり、とこそさふらひしか。いまの世《よ》には、学文《がくもん》してひとのそしりをやめ、ひとへに論義問答《ろんぎもんだふ》むねとせんと、かまへられさふらうにや。学問《がくもん》せば、いよ〱如来《にょらい》の御本意《ごほんい》をしり、悲願《ひぐわん》の広大《くわうだい》のむねをも存知《ぞんぢ》して、いやしからん身《み》にて往生《わうじやう》はいかゞ

じているが、たまたま他力仏法の悪口をいう人に出会うと、悪口をいう人があるという釈尊の言葉は正しいと知られる。このように釈尊の言葉が正しいなら、われらの往生も確実であると思われるのであります。

　何かの間違いで悪口をいう人がない場合は、どんなに信ずる人があっても、悪口をいう人がないのはどうしたわけであろうと、あやしまねばなりません。このようにいいましても、必ず人に悪口をいわれようというのではありません。

　仏が前々から、正しい教えを広めようとすれば、必ず信ずる人も悪口をいう人もあるということを知られて、悪口をい

なんど、あやぶまんひとにも、本願《ほんぐわん》には善悪浄穢《ぜんまくじやうゑ》なきおもむきをも、とききかせられさふらはゞこそ、学生《がくしやう》のかひにてもさふらはめ。たま〳〵なにごゝろもなく本願《ほんぐわん》に相応《さうおう》して念仏《ねんぶつ》するひとをも、学文《がくもん》してこそなんどいひをどさるゝこと、法《ほふ》の魔障《ましやう》なり、仏《ぶつ》の怨敵《をんてき》なり、みづから他力《たりき》の信心《しんじん》かくるのみならず、あやまて他《た》をまよはさんとす。つゝしんでおそるべし、先師《せんし》の御《おん》こゝろにそむくことを。かねてあはれむべし、弥陀《みだ》の本願《ほんぐわん》にあらざることを。

われたからといって仏法を疑う人がないようにお説きになっていることを申すわけであります、とおっしゃったのであります。

　ところが現代では、学問をして人の悪口をやめさせよう、ただ議論や問答ばかりしようと気ばっていられるのでしょうか。学問をすると、一そう仏の本当の御《み》心《こころ》を知り、衆生救済の悲願が途方もなく広く大きいものであることを理解して、こんな卑しい身ではとても往生はできまいと疑っている人々にも、仏の本願は、善なる人も悪なる人も、清い人も汚れた人も、すべてお救いになるにあるということを説いて聞かせるならば、学者の値

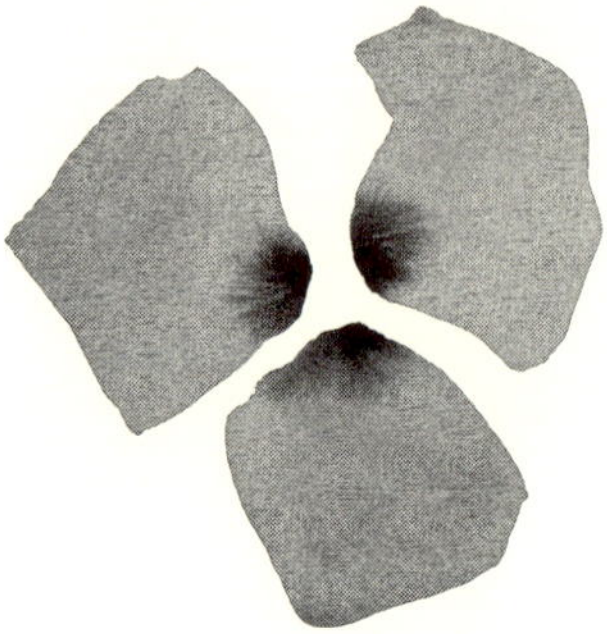

打ちがあるというものであります。しかし、たまたま無心に本願にかなって念仏する人を、学問して初めて本当の信仰に入るのだといっておどすのは、仏法を妨げる悪魔、仏教の怨敵《おんてき》であります。自分自身が他力の信仰が欠けているのみならず、あやまって他人を迷わそうとするものです。これは先師の御心にそむくもの、つつしみおそれなくてはならないことです。これは弥陀の本願にそむくもの、あわれむべき人間のすることであります。

第十三条

一。弥陀《みだ》の本願不思議《ほんぐわんふしぎ》におはしませばとて悪《あく》をおそれざるは、また本願《ほんぐわん》ぼこりとて往生《わうじやう》かなふべからずといふこと。この条《でう》、本願《ほんぐわん》をうたがふ、善悪《ぜんまく》の宿業《しゆくごふ》をこゝろえざるなり。よきこゝろのおこるも宿善《しゆくぜん》のもよほすゆへなり、悪事《あくじ》のおもはれせらるゝも悪業《あくごふ》のはからふゆへなり。故聖人《こしやうにん》のおほせには卯《う》毛《もう》・羊毛《やうもう》のさきにいるちりばかりも、つくるつみの宿業《しゆくごふ》にあらずといふことなしとしるべしとさふらひき。

第十三条

阿弥陀さまの本願が不思議きわまるものであり、どのような悪人をも救ってくださると申しましても、悪をおそれないのは本願ぼこりといって往生することができないということ。このことは、本願を疑い、善悪が、人間がおのれの過去に持っている暗い業によって左右されているのを理解しない見解であります。

わが心にたまたまよい心が起こるのは、遠い遠い過去からの積もり積もった業の働きでありますし、また、悪いことをしたいと思うのも、やはり前世からの業ゆえでありましょう。故親鸞聖人の仰せには、ウサギの毛や羊の毛の先についてい

またあるとき、唯円房《ゆゐゑんばう》はわがいふことをば信《しん》ずるかと、おほせのさふらひしあひだ、さんさふらうとまふしさふらひしかば、さらばいはんことたがふまじきかと、かさねておほせのさふらひしあひだ、つゝしんで領状《りやうじやう》まふしてさふらひしかば、たとへばひと千人《せんにん》ころしてんや、しからば往生《わうじやう》は一定《いちぢやう》すべしとおほせさふらひしとき、おほせにてはさふらへども、一人《いちにん》もこの身《み》の器《き》量《りやう》にてはころしつべしともおぼへずさふらうとまふしてさふらひしかば、さてはいかに親鸞《しんらん》がいふことをたがふま

る塵《ちり》のような目に見えるか見えないような小さな罪でも、前世からの因縁によらないものはないと知るべきであるとおっしゃいました。

また、あるとき聖人が、「唯円房よ、おまえは私のいうことを信じるのか」とおっしゃいましたので、「もちろんでございます」とお答え申し上げたところが、「そうか、それじゃ私のこれからいうことに決してそむかないか」と重ねて仰せられたので、つつしんでご承知いたしましたところ、「じゃ、どうか、人を千人殺してくれ。そうしたらおまえは必ず往生することができる」とおっしゃったのであります。そのとき私が、「聖人の仰せ

じきとはいふぞと。これにてしるべし、なにごともこゝろにまかせたることならば、往生《わうじやう》のために千人《せんにん》ころせといはんに、すなはちころすべし。しかれども一人《いちにん》にてもかなひぬべき業縁《ごふえん》なきによりて害《がい》せざるなり。わがこゝろのよくてころさぬにはあらず、また害《がい》せじとおもふとも百人《ひやくにん》・千人《せんにん》をころすこともあるべしとおほせのさふらひしかば、われらがこゝろのよきをばよしとおもひ、あしきことをばあしとおもひて、願《ぐわん》の不思議《ふしぎ》にてたすけたまふといふことをしらざることをおほせのさふらひし

ですが、私のような人間には、千人はおろか一人だって殺すことができるとは思いません」とお答えしたところ、「それではどうしてさきに、親鸞のいうことに決してそむかないといったのか」とおっしゃいました。そして、「これでおまえはわかるはずである。人間が心にまかせて善でも悪でもできるならば、往生のために千人殺せと私がいったら、おまえは直ちに千人殺すことができるはずである。しかしおまえが一人すら殺すことができないのは、おまえの中に、殺すべき因縁が備わっていないからである。自分の心がよくて殺さないのではない。また、殺すまいと思っても、百人も千人も殺すこと

なり。そのかみ邪見《じやけん》におちたるひとあて、悪《あく》をつくりたるものをたすけんといふ願《ぐわん》にてましませばとて、わざとこのみて悪《あく》をつくりて往生《わうじやう》の業《ごふ》とすべきよしをいひて、やう〳〵にあしざまなることのきこへさふらひしとき、御消《ごせう》息《そく》に、くすりあればとて毒《どく》をこのむべからずとあそばされてさふらふは、かの邪執《じやしふ》をやめんがためなり。またく悪《あく》は往生《わうじやう》のさはりたるべしとにはあらず。持戒《ぢかい》・持律《ぢりつ》にてのみ本願《ほんぐわん》を信《しん》ずべくば、われらいかでか生死《しやうじ》をはなるべきやと。か丶るあさましき身《み》も、本願《ほんぐわん》にあひた

さえあるであろう」とおっしゃいましたのは、われわれの心が、よいのをよいと思い、悪いのを悪いと思って、善悪の判断にとらわれて、本願の不思議さに助けたまわるということを知らないことを仰せられたのであります。

かつて親鸞聖人がご存命のころ、間違った念仏に陥った人があって、悪をつくった者を助けようとするのが阿弥陀さまの願いでありますからといって、わざと好んで悪をつくり、往生の原因とせよという旨のことをいっていろいろと悪い風聞がございましたときに、親鸞聖人のお手紙に、「薬があるからといって毒を好んではいけない」とお書きになっていら

てまつりてこそ、げにほこられさふらへ。さればとて、身《み》にそなへざらん悪《あく》業《ごふ》は、よもつくられさふらはじものを、またうみ・かわに、あみをひき、つりをして世をわたるものも、野《の》やまにし丶をかり、とりをとりて、いのちをつぐともがらも、あきなゐをし、田畠《でんばた》をつくりてすぐるひとも、たゞおなじことなりと。さるべき業縁《ごふえん》のもよほさば、いかなるふるまひもすべしとこそ、聖人《しやうにん》はおほせさふらひしに、当時《たうじ》は後《ご》世者《せしや》ぶりして、よからんものばかり念《ねん》仏《ぶつ》まふすべきやうに、あるひは道場《だうぢやう》に

っしゃるのは、かの間違った考え方をやめさせようとするためであります。全く悪は往生の障害になるというのではありません。戒律を保つことによってのみ本願を信ずることができるならば、われわれはどうして生死を離れることができましょうか。このような情けない身も、本願にあいたてまつって初めて救われるのであります。さればといって、身に備わっていない悪業は、自分でつくろうと思っても、決してつくられるものではないのであります。

また、海や川に網を引き、釣りをして魚をとって世を渡る人々も、野や山に獣を追い、鳥を殺して命をつなぐ人々も、

はりぶみをして、なむ〳〵のことしたらんものをば道場《だうぢやう》へいるべからずなんどゝいふこと、ひとへに賢善精進《けんぜんしやうじん》の相《さう》をほかにしめして、うちには虚仮《こけ》をいだけるものか。願《ぐわん》にほこりてつくらんつみも宿業《しゆくごふ》のもよほすゆへなり。さればよきこともあしきことも業報《ごふはう》にさしまかせて、ひとへに本願《ほんぐわん》をたのみまひらすればこそ、他力《たりき》にてはさふらへ。『唯信抄《ゆゐしんせう》』にも、「弥陀《みだ》いかばかりのちからましますとしりてか、罪業《ざいごふ》のみなればすくはれがたしとおもふべき」とさふらうぞかし。本願《ほんぐわん》にほこるこゝろ

商いをしたり田畑を耕やして生活をしている人々もみんな同じ人間であります。ふと何か暗い運命に左右されるとき、どんな悪業でも平気でするのが人間ではないかと、親鸞聖人もおっしゃいましたのに、現在では、悟りすました世捨て人のような格好をして、道徳的に善良である者ばかりが念仏をすべきであるかのように、あるいは道場に張り紙をして、これこれのことをした者は道場へ入ってはならないなどということは、全く偽善のわざ、見かけは賢い人間、良い人間、真面《まじ》目《め》人間のような格好をし、その実、心の中にうそ偽りの心をいだいているものでありましょうか。

のあらんにつけてこそ、他力《たりき》をたのむ信心《しんじん》も決定《けつぢやう》しぬべきことにてさふらへ。おほよそ悪業煩悩《あくごふぼんなう》を断《だん》じつくしてのち本願《ほんぐわん》を信《しん》ぜんのみぞ、願《ぐわん》にほこるおもひもなくてよかるべきに、煩悩《ぼんなう》を断《だん》じなば、すなはち仏《ぶつ》になり、仏《ぶつ》のためには五劫思惟《ごこふしゆゐ》の願《ぐわん》、その詮《せん》なくやましまさん。本願《ほんぐわん》ぼこりといましめらるゝひと〴〵も、煩悩不浄具足《ぼんなうふじやうぐそく》せられてこそさふらうげなれ、それは願《ぐわん》ほこらるゝにあらずや。いかなる悪《あく》を本願《ほんぐわん》ぼこりといふ、いかなる悪《あく》かほこらぬにてさふらうべきぞや。かへりてこゝろをさ

本願にほこって罪をつくると偽善者たちはいいますが、この罪もすべて暗い前世からの業のつくれるもの、だからすべての善悪を業にまかせて、ひたすら本願をたのむべきであるということこそ、他力の信仰であります。『唯信抄《ゆいしんしょう》』にも「おまえは阿弥陀さまの力をいかほどと思って、自分のような罪深い者が救われないと思うのか」とあります。本願にほこる心があるにつけ、他力をたのむ信心も決定するというものです。

　もしも悪業煩悩をすっかりなくしてしまった後に本願を信じますならば、本願にほこる思いがなくてよいはずであるのに、煩悩をなくしてしまったら、その人

なきことか。

はすっかり仏になってしまって、そういう仏のような人のためには、阿弥陀さまの五劫《ごこう》というあいだ考えられた他力本願の願いも、必要はなくなるわけでありますす。本願ぼこりと戒められる人々の心にも、煩悩や不浄が一ぱい備わっているらしい様子であります。こんなに心汚い身で人々を批判するのは、やはり本願にほこっていられるからではありませんか。どのような悪を本願ぼこりというのでしょうか、どのような悪が本願ぼこりではないというのでしょうか。そういうふうに偽善者ぶって本願ぼこりを批判するのは、おのれの心の自省の足りぬ幼稚な考え方ではありませんか。

第十四条

一。一念《いちねん》に八十億劫《はちじふおくこふ》の重罪《ぢゆうざい》を滅《めつ》すと信《しん》ずべしといふこと。この条《でう》は、十悪《じふあく》・五逆《ごぎやく》の罪人《ざいにん》、日《ひ》ごろ念仏《ねんぶつ》をまふさずして、命終《みやうじゆ》のときはじめて善知識《ぜんちしき》のをしへにて、一念《いちねん》まふせば八十億劫《はちじふおくこふ》のつみを滅《めつ》し、十念《じふねん》まふせば十八十億劫《じふはちじふおくこふ》の重罪《ぢゆうざい》を滅《めつ》して往生《わうじやう》すといへり。これは十悪《じふあく》・五逆《ごぎやく》の軽重《きやうぢゆう》をしらせんがために、一念《いちねん》・十念《じふねん》といへるが滅罪《めつざい》の利益《りやく》なり。いまだわれらが信《しん》ずるところにおよばず。そのゆへは、弥陀《みだ》の光明《くわうみやう》にてらされま

第十四条

たった一回の念仏で八十億劫というような多くの重い罪をなくすると信じなくてはならないということ。このことは、十悪五逆という重い罪を犯した途方もない悪人が、日ごろは念仏なんか唱えたこともないのに、もう命が助からないというときになって、たまたま偉い坊さんに会い、その教えによって一回念仏すれば八十億劫の罪がなくなり、十回念仏すればその十倍の八百億劫の罪がなくなり、それによって極楽浄土へ往生するという話によるものであります。

　このことは、十悪の罪は八十億劫、五逆の罪は八百億劫というふうに、十悪と

ひらするゆへに、一念発起《いちねんほつき》するとき金《こん》剛《がう》の信心《しんじん》をたまはりぬれば、すでに定《ぢやう》聚《じゆ》のくらゐにおさめしめたまひて、命《みやう》終《じゆ》すればもろ〳〵の煩悩悪障《ぼんなうあくしやう》を転《てん》じて、無生忍《むしやうにん》をさとらしめたまふなり。この悲願《ひぐわん》ましまさずば、かゝるあさましき罪人《ざいにん》、いかでか生死《しやうじ》を解脱《げだつ》すべきとおもひて、一生《いつしやう》のあひだまふすところの念仏《ねんぶつ》は、みなこと〴〵く如来大悲《によらいだいひ》の恩《おん》を報《はう》じ徳《とく》を謝《しや》すとおもふべきなり。念《ねん》仏《ぶつ》まふさんごとに、つみをほろぼさんと信《しん》ぜんは、すでにわれとつみをけして往生《わうじやう》せんとはげむにてこそさふらう

五逆の罪の重い・軽いを比較して知らせんがために、一念にして八十億劫の罪が消え、十念にして八百億劫の罪が消えるというふうに、滅罪の利益をたとえたもの。しかし、滅罪の利益を計算して念仏するというのは、われらの信仰にとうてい及ばないのであります。

と申しますのは、阿弥陀さまの輝かしい光明に照らされまして、その光ゆえにわが心に信仰の心が起こるとき、そのときすでにわれわれは金剛石のような固い固い信心を賜っているのですから、阿弥陀さまはわれらをすでに必ず浄土に往生することができる保証付きの地位に置いて下さっていますので、われらの命が尽

なれ。もししからば、一生《いつしやう》のあひだおもひとおもふこと、みな生死《しやうじ》のきづなにあらざることなければ、いのちつきんまで念仏《ねんぶつ》退転《たいてん》せずして往生《わうじやう》すべし。たゞし業報《ごふはう》かぎりあることなれば、いかなる不思議《ふしぎ》のことにもあひ、また病《びやう》悩苦痛《なうくつう》をせめて、正念《しやうねん》に住《ぢゆう》せずしてをはらん、念仏《ねんぶつ》まふすことかたし。そのあひだのつみをばいかゞして滅《めつ》すべきや。つみきえざれば往生《わうじやう》はかなふべからざるか。摂取不捨《せつしゆふしや》の願《ぐわん》をたのみたてまつらば、いかなる不思議《ふしぎ》ありて罪業《ざいごふ》をおかし念仏《ねんぶつ》まふさずしてをはるとも、

きたとき、不思議なことには、われらが生前に持っていたさまざまな煩悩や悪障がそのまま浄土往生の因《もと》となり、そのときすぐに、生ずることもほろびることもない仏の位にわれらは入ることができるのであります。

この不思議な話は、すべて阿弥陀さまの悲願によって可能でありますが、この悲願がなかったならば、われらのような浅ましい罪人が、どうしてこの欲望の世界、苦の世界を離れることができましょう。一生の間申す念仏は、すべてみな阿弥陀さまの大いなる慈悲の恩徳に感謝するためと思わねばなりません。

念仏を唱えるごとに、これだけの念仏

すみやかに往生《わうじやう》をとぐべし。また念仏《ねんぶつ》のまふされんも、たゞいまさとりをひらかんずる期《ご》のちかづくにしたがひても、いよ〳〵弥陀《みだ》をたのみ、御恩《ごおん》を報《はう》じたてまつるにてこそさふらはめ。つみを滅《めつ》せんとおもはんは自力《じりき》のこゝろにして、臨終正念《りんじゆうしやうねん》といのるひとの本意《ほんい》なれば、他力《たりき》の信心《しんじん》なきにてさふらうなり。

をしたらこれだけの罪がなくなるなどと信ずるのは、自分の力で罪を消して極楽浄土へ往生しようと一生懸命に励むもの。決して他力の業ではありません。そういう計算ずくの念仏では、われらのごとき凡夫は、死ぬまで一生懸命に念仏して、次々と生ずる罪を消して、それによって初めて極楽往生ができることになります。

　ただし、人間の命は前世の因縁によってきまっていることで、人の力でどうにもならない限界がありますので、どんな思いがけないことにあい、また病気の苦悩がひどくて、死にぎわに静かな気持ちになれないで死んでしまうときは、臨終の念仏ができないのです。そのときは、

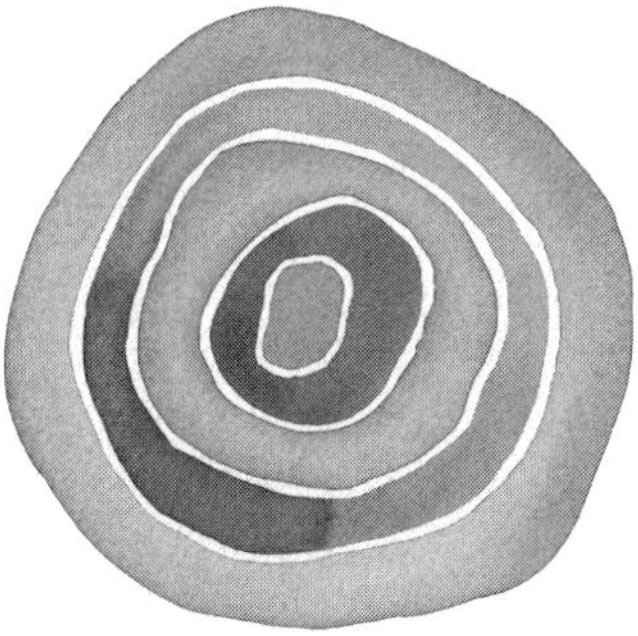

その間に犯した罪はどうしてなくすることができるのでしょうか。その罪が消えなかったならば、極楽浄土へ行くことはできないのでしょうか。もしわれわれ罪深い凡夫をおさめとって離さないあの阿弥陀さまの悲願を信じ、阿弥陀さまにおすがりすれば、どんな思いがけない不思議なことがあって、われわれが死にぎわに罪を犯し、念仏を申さずに死んでいったとしても、われわれはすぐに極楽浄土へ行くことができるのであります。

また、いよいよわれわれの命が終わろうとするときに、しきりに念仏が申されるのも、悟りを開き、仏になるときが近づくにしたがって、いよいよ阿弥陀さま

におすがりし、極楽浄土に必ず連れていってくださる阿弥陀さまのはかり知ることのできないご恩がいよいよありがたく思われて、一そう念仏が唱えられるわけであります。

死の前にあって、念仏をして罪を消して極楽へ行こうとするのは、自力の心であるし、そういう人は、死ぬ前に静かな心にならねばならないと願っている人であり、全く自力往生の人、他力の信心のない人であります。

第十五条

一。煩《ぼん》悩《なう》具《ぐ》足《そく》の身《み》をもて、すでにさとりをひらくといふこと。この条《でう》、もてのほかのことにさふらう。即《そく》身《しん》成仏《じやうぶつ》は真言《しんごん》秘教《ひけう》の本意《ほんい》、三密《さんみつ》行業《ぎやうごふ》の証果《しようくわ》なり。六根《ろくこん》清浄《しやうじやう》はまた法花《ほつけ》一乗《いちじよう》の所説《しよせつ》、四《し》安楽《あんらく》の行《ぎやう》の感徳《かんとく》なり。これみな難行《なんぎやう》上《じやう》根《こん》のつとめ、観念《くわんねん》成就《じやうじゆ》のさとりなり。来生《らいしやう》の開覚《かいかく》は他力《たりき》浄土《じやうど》の宗旨《しゆうし》、信心《しんじん》決《けつ》定《ぢやう》の通故《みちゆゑ》なり。これまた易行《いぎやう》下《げ》根《こん》のつとめ、不簡《ふけん》善悪《ぜんまく》の法《ほふ》なり。おほよそ、今《こん》生《じやう》においては煩悩《ぼんなう》悪障《あくしやう》を断《だん》ぜんこと、

第十五条

煩悩を一ぱいに備えている身のままに、すでに仏さまと同じような悟りに入ること、このことはとんでもないことであります。

この肉体を持った身のままに仏になることは、空海が伝えたあの真言秘密の教えの根本であり、身体と口と心にさまざまな行《ぎょう》を積んだ結果として初めて到達する悟りの位であります。すべての感覚や精神がすっかり清浄になるのは、最澄が伝えた法華《ほっけ》一乗《いちじょう》の教えの説くところであり、身体と口と心とを安楽にして慈悲の心を積んだ行の結果として初めて感じ得る功徳であります。これはみなむずかし

きはめてありがたきあひだ、真言《しんごん》・法《ほつ》花《け》を行《ぎやう》ずる浄侶《じやうりよ》、なをもて順次《じゆんじ》生《しやう》のさとりをいのる。いかにいはんや、戒行《かいぎやう》・恵解《ゑげ》ともになしといへども、弥陀《みだ》の願《ぐわん》船《せん》に乗《じよう》じて生死《しやうじ》の苦海《くかい》をわたり、報土《はうど》のきしにつきぬるものならば、煩悩《ぼんなう》の黒雲《こくうん》はやくはれ、法性《ほつしやう》の覚月《かくげつ》すみやかにあらはれて、尽十方《じんじつぱう》の無碍《むげ》の光明《くわうみやう》に一味《いちみ》にして、一切《いつさい》の衆《しゆう》を利益《りやく》せんときにこそ、さとりにてはさふらへ。この身《み》をもてさとりをひらくとさふらうなるひとは、釈尊《しやくそん》のごとく種々《しゆじゆ》の応化《おうげ》の身《しん》をも現《げん》じ、三十二相《さんじふにさう》・八十随形好《はちじふずゐぎやうかう》

い行、かしこい人のなすべきこと、心をこらして真実を見詰め、それによって得られる悟りであります。

　それに反して、極楽浄土に生まれかわり、そこで初めて悟りを開くというのが、わが他力浄土教の宗旨。それによって、この世では信心がはっきり定まるのであります。このことはやさしい行、どんなおろかな人でもつとめることができ、善人でも悪人でも分けへだてなく救われる法であります。

　この世において煩悩や悪障を断ってしまうのはたいへんむずかしいので、真言や法華を行ずる清い坊さんですら、即身成仏とか六根清浄《ろっこんしょうじょう》とかいいながら、やは

をも具足《ぐそく》して、説法利益《せつぽふりやく》さふらうにや。これをこそ今生《こんじやう》にさとりをひらく本《ほん》とはまふしさふらへ。『和讃《わさん》』にいはく、「金剛堅固《こんがうけんご》の信心《しんじん》の、さだまるときをまちえてぞ、弥陀《みだ》の心光摂護《しんくわうせふご》して、ながく生死《しやうじ》をへだてける」とはさふらうは、信心《しんじん》のさだまるときに、ひとたび摂取《せつしゆ》してすてたまはざれば、六道《ろくだう》に輪廻《りんゑ》すべからず。しかれば、ながく生死《しやうじ》をばへだてさふらうぞかし。かくのごとくしるを、さとるとはいひまぎらかすべきや、あはれにさふらうをや。浄土真宗《じやうどしんしゆう》には、今生《こんじやう》に本願《ほんぐわん》を信《しん》じて、かの土《ど》

り来世において悟りを開こうと祈るのであります。まして、戒律を守る道徳の力もなく、悟りを開く智恵の力もないわれらのごとき者が、阿弥陀さまの本願の船に乗り、生死の苦しみの海を渡って極楽浄土の岸に着けば、煩悩の黒い雲は瞬くうちに晴れ、真理の悟りの月がたちまちのうちにあらわれて、余すところなく四方を照らし、どんな煩悩、悪業によっても妨げられない救済の光が世界のすみずみにまで行き渡り、一切の生きとし生けるものを利益するときに、初めて悟りが可能なのであります。

　この世で悟りを開くというような人は、お釈迦さまのように形を変え姿を変えて

にしてさとりをばひらくとならひさふらうぞとこそ、故聖人《こしやうにん》のおほせにはさふらひしか。

人を救い、お釈迦さまが持っていた身体的、精神的特徴である三十二相とか、八十随形好《はちじゅうずいぎょうこう》とかを全部備えて、法を説いて、衆生を利益するというようなことがおできなのでしょうか。おできになるなら、この世で悟りを開く手本であるといわしていただくことにしましょう。

親鸞聖人は、みずからおつくりになった『和讃《わさん》』に、「金剛石のごとく固い固い信心が定まったときを待って、阿弥陀さまの衆生救済の念願から発する光が信者を包み込み、信者を守って、永遠に生死の世界から隔てる」とおっしゃいましたのは、信心が定まったそのときに、決定的に阿弥陀さまは信者を光の中に包み、

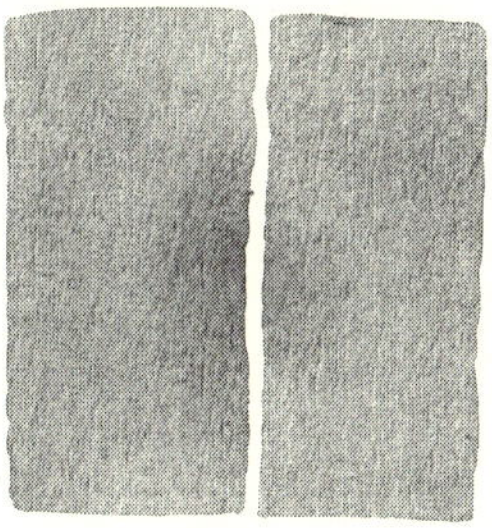

捨てたまいませんから、もう信者は永遠に六道の世界を次から次へと流転することはなく長く生死を離れることができる、ということをいわれたのでしょう。これを、悟ると同一視して、混同するのは歎かわしいことであります。

真実の浄土の教えは、いまの世の中では本願を信じて、あの世へ行って初めて悟りを開くものであると習いましたと、なくなった親鸞聖人は仰せられたのであります。

第十六条

一。信心《しんじん》の行者《ぎやうじや》、自然《じねん》にはらをもたて、あしざまなることをもおかし、同《どう》朋同侶《ぼうどうりよ》にもあひて口論《こうろん》をもしては、かならず廻心《ゑしん》すべしといふこと。この条《でう》、断悪修善《だんあくしゆぜん》のこゝちか。一向専修《いつかうせんじゆ》のひとにおいては、廻心《ゑしん》といふこと、たゞひとたびあるべし。その廻心《ゑしん》は、日《ひ》ごろ本願他力真宗《ほんぐわんたりきしんしゆう》をしらざるひと、弥陀《みだ》の智慧《ちゑ》をたまはりて、日《ひ》ごろのこゝろにては往生《わうじやう》かなふべからずとおもひて、もとのこゝろをひきかへて、本願《ほんぐわん》をた

第十六条

信心の行者が何かの機会に腹をたてて、悪いことをしたり、同じ仲間と口論をしたりする場合に、必ず廻心《えしん》しなければならぬということ、このことは、悪を断ち善を修めるという自力の思想でしょうか。

ひたすら阿弥陀さまをたのみ奉りて念仏の一行のみを励む人においては、廻心というのはたった一回限りのものであります。その廻心というものは、日ごろ本願他力の真の教えを知らない人が、阿弥陀さまから智恵を賜って、日ごろの自力をたのむ心ではとても極楽往生できないと思い、自力の心を変えて阿弥陀さまの本願をたのみまいらすのを廻心と申すの

のみまひらするをこそ、廻心《ゑしん》とはまふしさふらへ。一切《いつさい》の事《じ》に、あしたゆふべに廻心《ゑしん》して、往生《わうじやう》をとげさふらうべくば、ひとのいのちは、いづるいきいるほどをまたずしてをはることなれば、廻心《ゑしん》もせず、柔和《にうわ》・忍辱《にんにく》のおもひにも住《ぢゆう》せざらんさきに、いのちつきば、摂《せつ》取不捨《しゆふしや》の誓願《せいぐわん》はむなしくならせおはしますべきにや。くちには願力《ぐわんりき》をたのみたてまつるといひて、こゝろにはさこそ悪人《あくにん》をたすけんといふ願《ぐわん》、不思議《ふしぎ》にましますといふとも、さすがよからんものをこそ、たすけたまはんずれとお

であります。もしあらゆることに朝夕廻心して、よき心になって初めて往生することができるのでありますならば、人間の命というものはまことにはかないものゆえ、いつ何どき死の運命に襲われるかもしれませんので、悪をしたままで廻心もせず、ものやわらかで静かにものごとを耐え忍ぶよき心にならないままで死んでしまうと、あの阿弥陀さまの摂取して捨てない誓願は空《むな》しくなってしまうというのでしょうか。

　口では本願の力をおたのみするなどといいながら、心では、悪人を助けようという阿弥陀さまの本願は、確かに不思議なものでありますが、そうはいっても、

もふほどに、願力《ぐわんりき》をうたがひ、他力《たりき》をたのみまひらするこゝろかけて、辺地《へんぢ》の生《しやう》をうけんこと、もともなげきおもひたまふべきことなり。信心《しんじん》さだまりなば、往生《わうじやう》は弥陀《みだ》にはからはれまひらせてすることなれば、わがはからひなるべからず。わろからんにつけてもいよ〳〵願力《ぐわんりき》をあをぎまひらせば、自然《じねん》のことはりにて柔和《にうわ》・忍辱《にんにく》のこゝろもいでくべし。すべてよろづのことにつけて、往生《わうじやう》にはかしこきおもひを具《ぐ》せずして、たゞほれ〴〵と弥陀《みだ》の御恩《ごおん》の深重《じんぢゆう》なること、つねはおもひいだしま

阿弥陀さまはきっとよい者を助けなさるに違いないと思っているので、本願の力を疑い、他力をたのむ心も欠けているので、そういう道徳的な念仏をされるのでしょうが、そういう人は、たとえ極楽往生できるとしても、真の浄土へ行けず、辺鄙な浄土へしか行けないのは、最も歎かわしく思いなされなければならないことです。

　信心が定まったなら、極楽浄土へ行くことは、阿弥陀さまのおはからいですることですので、自分のはからいがあってはなりません。自分が悪いことをするにつけても、一そうこういう悪い自分を救ってくださる阿弥陀さまの本願の力を仰

ひらすべし。しかれば、念仏《ねんぶつ》もまふされさふらう。これ自然《じねん》なり。わがはからはざるを、自然《じねん》とまふすなり。これすなはち、他力《たりき》にてまします。しかるを、自然《じねん》といふことの、別《べつ》にあるやうに、われものりしがほにいふひとのさふらうよし、うけたまはる。あさましくさふらう。

ぎますならば、自然の道理でやさしく静かにものごとに耐え忍ぶ心も出てくるものであります。すべて、あらゆることにつけて、極楽浄土へ往生するためには、利口ぶる心を持たずに、ただ阿弥陀さまのご恩が深いことを常にほれぼれと思い出す必要があります。そうすれば、自然《しぜん》に念仏が申されてくるのであります。これが自然《じねん》ということであります。自分のはからいでないものを自然といいます。これはすなわち他力ということでもあります。そうであるのに、自然ということが別にあるように、もの知り顔に、偉そうにいう人があるということを聞きましたが、何とも情けないことであります。

第十七条

一。辺《へん》地《ぢ》往《わう》生《じやう》をとぐるひと、つゐには地獄《ぢごく》におつべしといふこと。この条《でう》、なにの証文《しようもん》にみへさふらうぞや。学生《がくしやう》だつるひとのなかに、いひいださるゝことにてさふらうなるこそ、あさましくさふらへ。経論《きやうろん》正教《しやうげう》をばいかやうにみなされてさふらうらん。信心《しんじん》かけたる行者《ぎやうじや》は、本願《ほんぐわん》をうたがふによりて、辺《へん》地《ぢ》に生《しやう》じてうたがひのつみをつぐのひてのち、報土《はうど》のさとりをひらくとこそ、うけたまはりさふらへ。信心《しんじん》の行者《ぎやうじや》す

第十七条

辺鄙《へんぴ》な浄土へ行った人は、結局地獄におちるということ、このことはどういう証拠の文章に書かれているというのでしょうか。学者ぶる人の中でいい出されたことで、情けないことであります。正しい教えの書いてあるお経やその注釈の書をどのように解釈して、そんなことをいい出されたのでしょうか。

　信心が不十分なまま念仏する行者は、阿弥陀さまの不思議な本願を疑うので、念仏の功徳により浄土へ往生することができるものの、辺鄙な浄土に生まれて、疑いの罪を清算した後に、初めて真の極楽浄土に生まれて、悟りを開くことがで

くなきゆへに、化土《けど》におほくすゝめいれられさふらうを、つゐにむなしくなるべしとさふらうなるこそ、如来《にょらい》に虚《こ》妄《まう》をまふしつけまひらせられさふらうなれ。

きると承っております。

心から阿弥陀さまの本願を信ずる念仏の信者が少ないので、多くの人々に、せめてひとまずそういう仮りの浄土へ行くことを勧められましたのを、この仮りの浄土も結局一時の住居、ついに地獄へおちるというのでは、浄土往生の願いも空しくなり、念仏すれば救われるというお釈迦さまの説法も嘘《うそ》ということになって、お釈迦さまにうその冤罪《えんざい》を着せることになるのであります。

第十八条

一。仏法《ぶつぽふ》のかたに、施入物《せにふもつ》を多少《たせう》にしたがて大小仏《だいせうぶつ》になるべしといふこと。この条《でう》、不可説《ふかせつ》なりミミ、比興《ひきよう》のことなり。まず仏《ぶつ》に大小《だいせう》の分量《ぶんりやう》をさだめんこと、あるべからずさふらうか。かの安養浄土《あんやうじやうど》の教主《けうしゆ》の御身量《ごしんりやう》をとかれてさふらうも、それは方便報身《はうべんはうしん》のかたちなり。法性《ほつしやう》のさとりをひらひて長《ちやう》・短《たん》・方《はう》・円《ゑん》のかたちにもあらず、青《しやう》・黄《わう》・赤《しやく》・白《びやく》・黒《こく》のいろをもはなれなばなにをもてか大小《だいせう》をさだむべきや。念仏《ねんぶつ》ま

第十八条

仏法の方で、たくさん寄付をすれば大きな仏になり、少し寄付をすれば小さな仏になることができるということ、このことは奇妙きてれつ、不合理きわまる説であります。

第一、仏さまに大きいとか小さいとかという分量があることは本来間違っていることでありましょう。確かに経典には、かの極楽浄土の教主阿弥陀仏のご身体の大きさを六十億万何がしと説かれていますが、それは色も形もない真実の化身をわれら衆生に知らせんがための仮りのお姿をいったまででありますす。悟りを開かれた真実の仏身に、長いとか短いとか、

ふすに、化仏《けぶつ》をみたてまつるといふことのさふらうなるこそ、大念《だいねむ》には大仏《だいぶつ》をみ、小念《せうねむ》には小仏《せうぶつ》をみるといへるか。もしこのことはりなんどにばし、ひきかけられさふらうやらん。かつはまた檀波羅蜜《だんばらみつ》の行《ぎやう》ともいひつべし。いかにたからものを仏前《ぶつぜん》にもなげ、師匠《ししやう》にもほどこすとも、信心《しんじん》かけなばその詮《せん》なし。一紙半銭《いつしはんせん》も仏法《ぶつぽふ》のかたにいれずとも、他力《たりき》にこゝろをなげて、信心《しんじん》ふかくば、それこそ願《ぐわん》の本意《ほんい》にてさふらはめ。すべて仏法《ぶつぽふ》にことをよせて、世間《せけん》の欲心《よくしん》もあるゆへに、同朋《どうぼう》をいひをど

四角いとか丸いとかという形はありません。また、その真実の仏身は、青だの黄だの赤だの白だの黒だのなどの色を離れていますので、どうして大小を定めることができましょうか。念仏を申すと、われわれは仏の仮りの姿を見ることができるという文句が経典にありますので、大声で念仏をすると大きな仏を見、小声で念仏をすると小さい仏を見るといったのでしょうか。あるいは、このような理屈にでも、もう一つ屁《へ》理屈をひっかけてこじつけたのでしょうか。

しかし一方では、この寄付の行為は檀《だん》波羅蜜《ばらみつ》の行といって、仏教では重んじられています。しかし、どんなに宝ものを

さるゝにや。

仏前に投げ、師匠僧侶に施したからといっても、信心がなかったならばその価値はありません。たとえ紙一枚、ぜに半銭も仏法のほうに寄付しなくても、他力に心を投げて信心が深かったならば、それこそ阿弥陀さまの本願に沿うものであります。

こういう説は、すべて仏法にかこつけて物欲を満たそうとするもの、信者を恐喝するものではないでしょうか。

後序

右《みぎ》条々《でう〱》は、みなもて信心《しんじん》のことなるより、ことおこりさふらうか。故聖人《こしやうにん》の御《おん》ものがたりに、法然聖人《ほふねんしやうにん》の御《おん》とき、御弟子《おんでし》そのかずおはしけるなかに、おなじく御信心《ごしんじん》のひともすくなくおはしけるにこそ、親鸞《しんらん》御同朋《ごどうぼう》の御《おん》なかにして御相論《ごさうろん》のことさふらひけり。そのゆへは、善信《ぜんしん》が信心《しんじん》も聖人《しやうにん》の御信心《ごしんじん》もひとつなり、とおほせのさふらひければ、勢観房《せいくわんばう》・念仏房《ねんぶつばう》なんどまふす御同朋達《ごどうぼうたち》、もてのほかにあらそひたまひて、いか

後序

右にあげた第十一条から第十八条までのことは、みんな信心が異なることのために起こるものでありましょうか。親鸞聖人は生前つぎのようなお話をされました。法然聖人がまだ生きておられるころ、そのお弟子が多数いらっしゃったが、法然聖人と同じ信心を持っていられるお弟子は少なかったので、親鸞聖人と相弟子の人々の間で一つの論争が起こりました。

その論争の理由は、「私、善信《ぜんしん》の信心も、法然聖人の信心と一つのものであって、変わらないものだ」と親鸞聖人が仰せられたところ、勢観房《せいかんぼう》とか念仏房とかいう法然聖人のそうそうたる高弟たちが、

でか聖人《しやうにん》の御信心《ごしんじん》に善信房《ぜんしんばう》の信心《しんじん》ひとつにはあるべきぞ、とさふらひければ、聖人《しやうにん》の御智慧才覚《おんちゑさいかく》ひろくおはしますに一《ひとつ》ならんとまふさばこそひがごとならめ、往生《わうじやう》の信心《しんじん》においては、またくことなることなし、たゞひとつなりと御返答《ごへんたふ》ありけれども、なをいかでかその義《ぎ》あらんといふ疑難《ぎなん》ありければ、詮《せん》ずるところ、聖人《しやうにん》の御《おん》まへにて、自他《じた》の是非《ぜひ》をさだむべきにて、この子細《しさい》をまふしあげければ、法然聖人《ほふねんしやうにん》のおほせには、源空《げんくう》が信心《しんじん》も如来《によらい》よりたまはりたる信心《しんじん》なり、善信房《ぜんしんばう》の信心《しんじん》も如来《によらい》よ

「おまえはとんでもないことをいう。あの才能がすぐれていらっしゃる法然聖人の信仰が、おまえのようなおろかな男の信心となんで一つであろうか」となじったので、親鸞聖人は、「法然聖人は智恵や才能がすぐれていらっしゃいますので、そういう智恵や才能の点で私と同じであるといいましたら、思い上がったむちゃなことでありましょうが、極楽往生の信心においては、聖人と私が全く異なることはございません。二人の信心はただ一つのもの、変わりなきものであります」とお答えなされたが、お弟子どもは納得されず、「そんなばかなことがあり得ようか。どういうわけでそんなことをいうの

りたまはらせたまひたる信心《しんじん》なり、さればたゞひとつなり、別《べつ》の信心《しんじん》にておはしまさんひとは、源空《げんくう》がまひらんずる浄土《じやうど》へは、よもまひらせたまひさふらはじと、おほせさふらひしかば、当時《たうじ》の一向専修《いつかうせんじゆ》のひと〴〵のなかにも、親鸞《しんらん》の御信心《ごしんじん》のひとつならぬ御《おん》こともさふらうらんとおぼへさふらふ。いづれも〳〵くりごとにてさふらへども、かきつけさふらうなり。露命《ろめい》わづかに枯草《こそう》の身《み》にかゝりてさふらうほどにこそ、あひともなはしめたまふひと〴〵、御不審《ごふしん》をもうけたまはり、聖人《しやうにん》のおほ

か」と疑い、親鸞聖人を責められましたので、これでは結局法然聖人の前でどちらが正しいかを聖人によってきめていただくよりほかはないと、その議論のありさまを申し上げたところ、法然聖人が仰せられるには、「この源空の信心も阿弥陀さまから賜った信心である。善信房の信心も阿弥陀さまから賜った信心である。だから、その信心は全く同じであり、変わりはない。別の信心を持っている人は、私が行くであろう浄土へは決して行かれないであろう」といわれました。

そういうことを考えますと、いまもひたすら念仏をつとめていらっしゃる人々の中にも、親鸞の信心と同じ信心を持っ

せのさふらひしおもむきをも、まふしきかせまひらせさふらへども閉眼《へいがん》ののちは、さこそしどけなきことどもにてさふらはんずらめと、なげき存《ぞん》じさふらひて、かくのごとくの義《ぎ》どもおほせられあひさふらうひと〲にも、いひまよはされなんどせらるゝことのさふらはんときは、故聖人《こしやうにん》の御《おん》こゝろにあひかなひて御《おん》もちゐさふらう御聖教《ごしやうげう》どもを、よく〱御《ご》らんさふらうべし。おほよそ聖教《しやうげう》には、真実《しんじつ》・権仮《ごんげ》ともにあひまじはりさふらうなり。権《ごん》をすて、実《じつ》をとり、仮《け》をさしおきて真《しん》をもちゐる

ていらっしゃらない方もあるのではないかと思われます。

　上に述べたことは、いずれも老いの繰りごと、取るに足らないものでしょうが、書きつけてみました。私の命は、枯れ草にかかっている露のようなもの、余命幾ばくもないと思われますので、命ある限りは、いままで同じ信心の道を連れだって歩いてきた人々の疑問を承り、親鸞聖人が口ずからお語りになった浄土真宗の信心の趣きを申し聞かせることもできましょうが、死んでしまった後は、さぞかしさまざまな異端邪説がはびこるのではないかと思って、このようなことを記した次第であります。

るこそ、聖人《しやうにん》の御本意《ごほんい》にてさふらへ。かまへて〳〵聖教《しやうげう》をみ、みだらせたまふまじくさふらう。大切《たいせつ》の証文《しようもん》ども、少々《せうく》ぬきいでまひらせさふらうて、目《め》やすにして、この書《しよ》をそえまひらせてさふらうなり。聖人《しやうにん》のつねのおほせには、弥《み》陀《だ》の五劫思惟《ごこふしゆゐ》の願《ぐわん》をよく〳〵案《あん》ずれば、ひとへに親鸞一人《しんらんいちにん》がためなりけり。さればそれほどの業《ごふ》をもちける身《み》にてありけるを、たすけんとおぼしめしたちける本願《ほんぐわん》のかたじけなさよ、と御述懐《ごじゆつくわい》さふらひしことを、いままた案《あん》ずるに、善導《ぜんだう》の「自身《じしん》はこれ現《げん》に罪悪生死《ざいあくしやうじ》の凡《ぼん》

もしも私がさきに申しましたような異説を主張しようとする人々にいい負かされるようなことでもあれば、なくなった親鸞聖人が生前愛読され、ご利用になった御聖教の文章などをよくよくごらんくださいますよう。浄土の教えを説いた聖なる教えの教典の中にも、真実なものと仮りのもの、方便のものがあります。方便のものを捨て、真実のものをとり、仮りのものを差しおいて真のものを用いることが、親鸞聖人のご本意にかなうものであります。十分用心をして、聖教の聖典を見、真実の教えを方便の教えや仮りの教えと混同するようなことがあってはなりません。そう思いますので、このよ

夫《ぶ》、曠劫《くわうごふ》よりこのかた、つねにしづみつねに流転《るてん》して、出離《しゆつり》の縁《えん》あることなき身《み》としれ」といふ金言《きむげん》に、すこしもたがはせおはしまさず。さればかたじけなく、わが御身《おんみ》にひきかけて、われらが身《み》の罪悪《ざいあく》のふかきほどをもしらず、如来《によらい》の御恩《ごおん》のたかきことをもしらずしてまよへるを、おもひしらせんがためにてさふらひけり。まことに如来《によらい》の御《ご》恩《おん》といふことをば、さたなくして、われもひとも、よしあしといふことをのみまふしあへり。聖人《しやうにん》のおほせには、善《ぜん》悪《まく》のふたつ惣《そう》じてもて存知《ぞんぢ》せざるなり。

うな聖教の中から大切な証拠となる文章を少しばかり抜き出しまして、これを信心の標準として、この書に附録としてつけることにいたしたのです。

　親鸞聖人の常日ごろからおっしゃられるには、「阿弥陀さまが五劫というたいへん長い間一生懸命に思索をして考え出された本願をよくよく考えてみれば、ただ親鸞一人のためであった。思えば、私はあれこれの多くの業を持っている罪深い身でありますが、その罪深い私を助けようとお思いになった阿弥陀さまの本願の素晴らしさ、もったいなさよ」と、このようにつくづく感慨を漏らされたのを、いま私が考えてみますと、かの善導大師

そのゆへは、如来《にょらい》の御《おん》こゝろによしとおぼしめすほどにしりとをしたらばこそ、よきをしりたるにてもあらめ、如《によ》来《らい》のあしとおぼしめすほどにしりとほしたらばこそ、あしきをしりたるにてもあらめど、煩悩《ぼんのう》具足《ぐそく》の凡夫《ぼんぶ》、火宅《くわたく》無《む》常《じやう》の世界《せかい》は、よろづのことみなもてそらごとたわごと、まことあることなきに、たゞ念仏《ねんぶつ》のみぞまことにておはしますとこそ、おほせはさふらひしか。まことに、われもひとも、そらごとをのみまふしあひさふらふなかに、ひとついたましきことのさふらうなり。その

がおっしゃった、「私という人間は、いま現に罪悪生死の凡夫、永遠の昔からずっとこの欲望の世界、苦の世界である六道に沈んで、六道をさまよい、そこから出る見込みもないと知れ」という素晴らしい言葉と少しも違っていらっしゃらない。だから思うに、あの聖人のお言葉は、もったいなくも自分を罪深い人間とみずからおっしゃって、われわれが多くの罪悪を犯しながら、しかもおのれの罪悪の深さに気づかず、したがってこの罪深い自分を救ってくれる阿弥陀さまのご恩の高いことも知らずに、この欲望の世界、苦の世界に迷っているのを自覚させようとしておっしゃったのでありましょう。

ゆへは、念仏《ねんぶつ》まふすについて、信心《しんじん》のおもむきをもたがひに問答《もんだふ》し、ひとにもいひきかするとき、ひとのくちをふさぎ、相論《さうろん》をたゝんがために、またくおほせにてなきことをもおほせとのみまふすこと、あさましくなげき存《ぞん》じさふらうなり。このむねをよく〳〵おもひときこゝろえらるべきことにさふらう。これさらにわたくしのことばにあらずといへども、経釈《きやうしやく》のゆくぢもしらず、法文《ほふもん》の浅深《せんじん》をこゝろえわけたることもさふらはねば、さだめておかしきことにてこそさふらはめども、故親鸞《こしんらん》

しかるにわれわれはこの阿弥陀さまのご恩ということを全く問題とせず、私も他人もただ善悪ということのみ問題としています。しかし親鸞聖人がおっしゃられるには、「私は善悪の二つについては全く知りません。というのは、私が仏さまのような明晰《めいせき》な判断力を持ち、善悪をはっきり認識できるならば、善と悪とについて知っていることになりましょうが、実は私は煩悩を一ぱい持っている凡夫で、私の住む世界は不安に満ちた無常の世界。そういう私が、どうして善悪について確かな知識を持つことができましょうか。およそこの世界で人間がすることは、すべて空しいこと、ばかばかしいこと、真

のおほせごとさふらひしおもむき、百《ひやく》分《ぶん》が一《ひとつ》、かたはしばかりをもおもひいでまひらせて、かきつけさふらうなり。かなしきかなや、さひはひに念仏《ねんぶつ》しながら、直《ただち》に報土《はうど》にむまれずして辺地《へんぢ》にやどをとらんこと、一室《いつしつ》の行者《ぎやうじや》のなかに信心《しんじん》ことなることなからんために、なく〳〵ふでをそめてこれをしるす。なづけて『歎異抄《たんいせう》』といふべし。外見《ぐわいけん》あるべからず。

実のことは全くありません。ただ念仏のみが真実である」とおっしゃったのです。

まことにそのお言葉どおり、私も他の人も空しいことばかりいっているようでありますが、一つだけ歎かわしいことがあります。その理由は、念仏を申すにつれて、どういう信心で念仏をするかという信心の様子を互いに問答して、人を説得するとき、人の口をふさぎ、もうそれ以上論争させないために、全く親鸞聖人の仰せられなかったことを親鸞聖人の仰せと申しますのは、全く情けないことと歎き悲しむべきことであります。このことはよくよく考えて理解し、心に深く刻み込むべきことであります。

以上の言葉は、親鸞聖人がみずからお話になったお言葉でありますが、経典やその注釈の筋道も知らず、教養の深い、浅いの区別をしたこともない、仏教学に暗い私のことですから、きっとこっけいなことでありましょうが、なくなられた親鸞聖人のおっしゃった教えの御趣旨を百分の一、ほんの一端だけでも思い出して書きつけたのであります。悲しいことではありませんか、幸いに念仏しながら、すぐに真実の極楽浄土に往生せずに辺鄙な浄土に生まれるということは。全く同じ教えを奉じ、念仏の行をする人々の中に、異なった信心を持たれる方がないように、泣く泣く筆をとってこれを書いた

のです。名づけて『歎異抄』といいましょう。決して他人に見せてはいけません。

附録

後鳥羽院之御宇《ごとばのゐんのぎよう》、法然聖人《ほふねんしやうにん》他力本願念仏宗《たりきほんぐわんねんぶつしゆう》を興行《こうぎやう》す。于《とき》レ時《に》興福寺《こうふくじ》僧侶《そうりよ》敵《これを》二奏《てき》之《そうす》一。上《うへ》御弟子《おんでし》中《ちゆう》狼藉《らうぜき》子細《しさい》あるよし、無《む》実風聞《じつのふうぶん》によりて罪科《ざいくわ》に処《しよ》せらるゝ、人数事《にんずのこと》。

一。法然聖人《ほふねんしやうにん》幷御《ならびにおん》弟子《でし》七人《しちにん》流罪《るざい》、又御《またおん》弟子《でし》四人《よにん》死罪《しざい》におこなはるゝなり。聖人《しやうにん》は土佐国《とさのくに》番多《はた》といふ所《ところ》へ流罪《るざい》、罪名《ざいみやう》藤井《ふじゐ》元彦《もとひこ》男《をとこ》云ゝ《うんぬん》、生年《しやうねん》七十六歳《しちじふろくさい》なり。

親鸞《しんらん》は越後国《ゑちごのくに》、罪名《ざいみやう》藤井《ふじゐ》善信《よしざね》云ゝ《うんぬん》、生年《しやうねん》三十五歳《さんじふごさい》なり。

浄聞房《じやうもんばう》　備後国《びんごのくに》　澄西禅光房《ちようさいぜんくわうばう》　伯耆国《はうきのくに》

附録

後鳥羽院のときであった。法然聖人が他力本願念仏宗を興された。そのとき興福寺の僧たちが、敵意を持ってこの向きを奏上したうえ、お弟子の中に悪逆無道な者があると申し上げた。この無実のうわさによって罪にさせられた人の数は以上のようであった。

一。法然聖人、及び御弟子七人が流罪。また、御弟子四人が死刑に処せられた。

聖人は土佐国の番多《はた》というところへ流され、その罪によって藤井元彦と改名された。時に年七十六歳であった。

そのとき親鸞は越後に流され、その罪によって藤井善信と改名された。時に年

好覚房《かうかくばう》　伊豆国《いづのくに》　行空法本房《ぎやうくうほふほんばう》　佐渡国《さどのくに》
幸西成覚房《かうさいじやうがくばう》・善恵房《ぜんゑばうの》二人《ににん》、同《おなじく》遠流《をんる》にさだまる。しかるに無動寺之善題大僧正《むどうじのぜんだいだいそうじやう》、これを申《まうし》あづかると云々《うんぬん》。
遠流之人々《をんるのひとびと》已上《いじやう》八人《はちにん》なりと云々《うんぬん》。
被レ行ニ死罪一《しざいにおこなはるる》人々《ひとびと》
一番《いちばん》　西意善綽房《さいいぜんしやくばう》
二番《にばん》　性願房《しやうぐわんばう》
三番《さんばん》　住蓮房《ぢゆうれんばう》
四番《よばん》　安楽房《あんらくばう》
二位法印尊長《にゐほふいんそんちやう》之沙汰也《のさたなり》。

三十五歳であった。

その他、浄聞房は備後国。

澄西禅光房は伯耆国。

好覚房は伊豆国。

行空法本房は佐渡国へ流された。

幸西成覚房と善恵房の二人は、同じく遠い国への流し者に定まっていたが、無動寺の善題大僧正すなわち慈鎮和尚が二人を申し預かったために遠流《おんる》を免れた。

遠い国へ流罪になったのは以上の八人である。

死罪にさせられた人々は、
一番、西意善綽房。

二番、性願房。

三番、住蓮房。

親鸞《しんらん》改《そうぎを》二僧儀《あらためて》一賜《ぞくみやうを》二俗名《たまふ》一、仍《よつて》非《そうに》レ僧《あらず》
非レ俗《ぞくにあらず》、然間《しかるあひだ》以二禿字《とくのじをもつて》一為レ姓《しやうとなして》被レ経《そうも》二
奏聞《んをへられを》一了《はんぬ》。彼御申状《かのおんまうしじやう》、于二今《いまに》一外記庁《げきのちやう》に
納《をさまる》と云々《うんぬん》。
流罪以後《るざいいご》、愚禿親鸞《ぐとくしんらん》令《とかか》レ書《しめ》給《たまふ》也《なり》。

四番、安楽房。

これは二位法印尊長の沙汰《さた》であった。越後へ流された親鸞は、僧の形を改めて俗名を賜ったので、もはや僧でも俗でもない。それで、禿《とく》という字をもって姓とすることを奏上して許しを得た。その申し状はいまも外記庁に保存されているという。流罪の後は、愚禿《ぐとく》親鸞とご自分の名を書かれた。

奥書

右《みぎ》斯《この》聖教《しやうげう》者《は》、為当流《たうりう》大事《だいじの》聖教《しやうげうとなす》也《なり》。
於無宿善機《しゆくぜんのきなきにおいては》、無左右《さうなく》不可許之《これをゆるすべからざる》者也《ものなり》。

釈《しやく》　蓮《れん》　如《によ》（花押《くわあふ》）

奥書

この聖なる教えの書は、わが念仏の一門の大切な聖書であるが、前世から善根のない者には、むやみに見せてはいけないのである。

釈　蓮　如（御判）

梅原 猛（うめはら・たけし）

1925年生まれ。京都大学文学部哲学科卒業。立命館大学教授、京都市立芸術大学学長、国際日本文化研究センター所長などを歴任。専門は哲学だが、文学、歴史、宗教など幅広い論客として知られ、「梅原古代学」を確立する。1999年、文化勲章を受章。著書に『美と宗教の発見』（ちくま学芸文庫）、『地獄の思想―日本精神の一系譜』（中公新書）、『隠された十字架―法隆寺論』（改版・新潮文庫）、『空海の思想について』（講談社学術文庫）、『梅原猛の授業 仏教』（朝日文庫）、『梅原猛著作集』（全20巻・集英社）、『梅原猛著作集』（全20巻・小学館）など多数。

新装丁版《しんそうていばん》 **梅原《うめはら》 猛《たけし》の『歎異抄《たんにしょう》』入門《にゅうもん》**

2019年2月4日　第1刷発行
2021年9月28日　第2刷発行

著　者　**梅原《うめはら》 猛《たけし》**
発行者　**長坂嘉昭**
発行所　**株式会社プレジデント社**
〒102-8641　東京都千代田区平河町2-16-1
https://www.president.co.jp/
電話　編集(03)3237-3732
販売(03)3237-3731

装　幀　**仲光寛城**

印刷・製本　**凸版印刷株式会社**

ISBN978-4-8334-2312-0
Printed in Japan